LULISMO SELVAGEM

ROGERIO SKYLAB

KOTTER
EDITORIAL

Copyright ©Rogerio Skylab, 2020

Direitos reservados e protegidos pela lei 9.610 de 19.02.1998.
É proibida a reprodução total ou parcial sem autorização, por escrito, da editora.

Coordenação editorial: Sálvio Nienkötter
Editor-executivo: Raul K. Souza
Editora-adjunta: Isadora M. Castro Custódio
Editores assistentes: Daniel Osiecki e Francieli Cunico
Capa: Jussara Salazar
Ilustração da capa: Felipe Coutinho
Projeto gráfico: Carlos Garcia Fernandes
Revisão: Daniel Osiecki e Marcos Pamplona
Produção: Cristiane Nienkötter
Preparação de originais: o Autor

Dados Internacionais de Catalogação na Publicação (CIP)
Angelica Ilacqua CRB-8/7057

Skylab, Rogerio
　　Lulismo selvagem / Rogerio Skylab. -- Curitiba : Kotter Editorial, 2020.
　　　208 p.

ISBN 978-65-86526-41-7

1. Brasil - Política e governo - Ensaios I. Título

20-3702   CDD 320.0981

Kotter Editorial Ltda.
Rua das Cerejeiras, 194
CEP: 82700-510 - Curitiba - PR
Tel. + 55(41) 3585-5161
www.kotter.com.br | contato@kotter.com.br

Feito o depósito legal
1ª Edição
2020

LULISMO SELVAGEM

ROGERIO SKYLAB

Sumário

O rigor e o afeto que nos falta	7
O silêncio dos intelectuais	13
O silêncio dos políticos	19
As barbas de Marx e as revoltas antipolíticas	25
Com uma câmera na mão e uma máscara de gás na cara	31
A Constituição de 1988 e o STF	37
É difícil reconhecer uma travesti	45
Processos de produção	51
Tempos de crise	59
O horror à contradição	67
Os possíveis sentidos do virtual	77
Subjetividade	85
sem nome	85
Lulismo selvagem	93
Tradição crítica	103
A esperança	111
A rebelião das massas	119
O podemos e suas confluências	129
A hipótese comunista	139
Maio de 68	147
O processo de ódio à democracia	155
O ato democrático	163
Sobrecarga	171
Os excluídos	181
O pragmatismo - (Final da primeira parte)	191

Prefácio

O rigor e o afeto que nos falta

Gustavo Conde

A vertigem política que se apoderou do Brasil nesses últimos anos promoveu destruição em massa mas também conjunções inusitadas, de alta densidade e singular emocionalidade. Que não nos enganemos: o afeto sempre esteve no eixo central de toda e qualquer produção crítica - e não seria diferente justamente no momento em que ele é refutado na esteira do negacionismo político e científico.

Em suma, famílias se desintegraram e amizades viraram pó. Mas esse estilhaçamento geral também permitiu uma reorganização massiva dos sujeitos, dos afetos e dos sentidos - ainda não totalmente codificada por nossa percepção de turno.

É no bojo desta refundação dos afetos - e de seus entrelaçamentos - que surge, como adaga incandescente na cena monótona das leituras políticas, a genialidade de Rogério Skylab. Só um esteta doce e indomesticável como ele para oferecer uma nova e poderosa visão de país e de nossas angústias de turno.

Skylab é tão singular que classificá-lo chega a ser um insulto. Não é poeta, não é analista, não é letrista: é uma emanação da natureza.

Sua obra estética - assim chamo sua produção musical - é dotada de extrema complexidade e delicadeza, permeando relações polifônicas e intertextuais permanentes com a literatura e a monumentalidade musical brasileira, bem como com a cena pop internacional e a música erudita contemporânea.

Na esteira formal de sua assinatura sonora, Skylab mergulha nos interstícios das estruturas linguageiras, viola o já dito, espanca o bom comportamento semântico (daí, o efeito cômico involuntário e equivocado subscrito na leitura rasa de algumas de suas obras), cadencia as expectativas, obriga a uma escuta qualificada, atenta, catártica, tensiva, e implode as pretensões autorais que distribuem tutela antes da fruição.

Trata-se de um dos maiores nomes da música e da cultura brasileiras.

Antes, no entanto, que a celebração avance e tome conta deste prefácio, afinal de contas: por que o preâmbulo? Porque ele é fundamental para entender a chegada de Rogério Skylab na cena do debate político brasileiro.

A mente despudoradamente aguda e provocadora de Rogério - dotada de lastro real e imune ao clientelismo analítico - trouxe oxigênio à mesmice sufocada das análises políticas de turno, tão perplexas e confusas quanto seu objeto. Sua chegada equivale a um desfibrilador retórico: o coração codificador de afetos volta a bater no descompasso da redescoberta.

É importante dizer: Skylab não é um esteta que se lançou à leitura política pressionado apenas pela angústia de lamentar a destruição do Brasil. Ele é um pesquisador que se dedica de maneira obsessiva aos seus novos objetos de estudo. Trouxe ele, assim, para a cena do debate público brasileiro, o que de melhor vinha sendo produzido em termos de análise política dentro e fora do país.

Desta maneira, ele destrincha e atualiza o livro "Todos os Homens do Kremlin", de Mikhail Zygar, para nos oferecer uma leitura desmistificada de Vladimir Putin e sua interface com os descaminhos da democracia brasileira via golpe de estado em 2016.

Skylab evoca e recontextualiza ensaios seminais do "faber analítico" internacional para propor uma leitura "mais universal" da catástrofe política brasileira, permeada de sabotagens múltiplas subscritas na atuação midiática e empresarial que caracteriza desde sempre a nossa vocação ao autoaniquilamento.

É um percurso ensaístico árduo e ambicioso.

Assim, ele nos ainda leva a Bruno Cava e a seu ensaio "O 18 de brumário brasileiro", a Jacques Rancière, com seu "O ódio à Democracia" - tão adequado para nossas aflições de turno - a Alain Badiou, no bojo de sua "Hipótese Comunista", a Gilles Deleuze, a Félix Guattari... Enfim, a um conjunto de autores minuciosamente eleitos por sua intuição forjada na pesquisa e nas palpitações editoriais que permeiam as melhores e mais instigantes elucubrações sobre o esfacelamento do sujeito mediante a violência do sistema.

Skylab resenha esses autores e os desdobra, aproximando-os todos em dicção rigorosa e em vocalização quase socrática, sempre na tentativa de desintoxicar a reificação do "analismo de conjuntura" e de escancarar - com brutal elegância - o vazio de sentido autocentrado em que grande parte do comentário político brasileiro acabou mergulhando, seja por sucateamento autoconsentido, seja por impregnação do objeto contemplado e seus simulacros.

Assim, ele atualiza de maneira decisiva o conceito de "lulismo selvagem", desdobrado das reflexões dos autores Giuseppe Cocco e Marcio Taschetto - e também de ensaios de Hugo Albuquerque.

Não admirou nem a mim, nem a interlocutores comuns, que o ex-presidente Lula tenha se interessado tanto pelo tratamento inovador que Skylab deu ao conceito de "lulismo selvagem".

Da prisão política, o ex-presidente se tornou consumidor ávido dos ensaios de Skylab e também da série para o Youtube em que Rogério e eu tratávamos exatamente destes artigos.

Esta sequência de textos a que o leitor terá acesso e a oportunidade de ler é um documento histórico de um dos momentos mais dramáticos de nosso país, mas também um registro de uma dicção singular e altamente sedutora, que se constitui de fora da burocracia acadêmica, mas com rigor e metodologia similares e vigorosamente estabelecidos.

É um luxo ter Jacques Rancière sob o olhar de Skylab. É uma experiência quase transcendental acompanhar a construção do conceito de "lulismo selvagem" por Skylab. Trata-se de iguaria intelectiva.

E diria, para concluir: só alguém com o perfil de Rogério, com todo o seu lastro intelectual, sua seriedade metodológica e seu atrevimento estético para dar conta de tal emaranhamento de conceitos e disrupções epistemológicas - e tecnológicas - que violentam o mundo da política neste momento. Era mesmo preciso alguém que sintetizasse o rigor analítico no princípio máximo da eterna descoberta e do desconforto das assinaturas inclassificáveis.

Ao leitor, meus sinceros cumprimentos e uma advertência: em suas mãos, acaba de aportar um dos mais belos e instigantes registros ensaísticos de nosso tempo. Mas cuidado: esta massa textual poderá tirá-lo da zona de conforto político e intelectual para todo o sempre.

O silêncio dos intelectuais

De vez em quando ele passa por mim. Aparentemente mora no mesmo bairro que eu moro, Botafogo. Organizou os famosos cursos da Funarte, que se transformaram em livros. Frequentei alguns desses cursos inesquecíveis que reuniam os maiores intelectuais do país. Me lembro como se fosse ontem da palestra de Jacques Rancière. Porque os cursos da Funarte traziam também estrelas internacionais. Um desses cursos abordava "O Silêncio dos Intelectuais", tema do texto de hoje.

Queria colocar em cotejo duas entrevistas: a de Vladimir Safatle, na Carta Capital ("Direto da Redação") em 01.11.2018, e a de Gleisi Hoffmann em 06.11.2018 no programa "Entre Vistas", do Juca Kfouri. E estabelecer pontes, semelhanças, diferenças, até pra colocar em questão o referido silêncio dos intelectuais.

Vladimir confessa logo no início o erro de sua previsão. Achava que a campanha de Bolsonaro era feita pra perder, assim como a extrema direita francesa de Marine Le Pen: representando radicalização, mas sem substância para vencer. Não previu uma campanha de silêncio e disparos de WhatsApp (mais de 50 milhões de disparos por dia), o que, de fato, foi decisivo para o resultado das eleições.

Mas o discurso de Vladimir tem um ponto, que, diga-se de passagem, não terá a mesma atenção de Gleisi: a ditadura militar. Para Vladimir, muito em consonância com o depoimento de Amelinha Teles, presa e torturada durante o período ditatorial, a nossa transição democrática foi uma "catástrofe". Não houve um trabalho de memória que elaborasse nosso passado e os fantasmas retornaram. Basta verificarmos a rearticulação de setores, antes dispersos, em torno de Bolsonaro (esses mesmos setores que estavam envolvidos com o golpe militar de 64): forças armadas, agronegócio, a igreja conservadora, a imprensa e o sistema financeiro. Em relação ao poder judiciário, ou uma parte dele, representado na figura de Sérgio Moro, que ganha uma pasta poderosa no próximo governo e responsável direto pela prisão de Lula, Vladimir lembra que esse poder judiciário foi uma espécie de sócio da ditadura militar: nos três primeiros anos de ditadura foram mais de trinta mil processos, dos quais os casos mais urgentes eram resolvidos com morte. Não teve a mesma proporção da Argentina, cujo número de desaparecidos transformou a ditadura de lá em um regime de assassinato. Muito embora contemos com nossos quinhentos desaparecidos, nossa ditadura foi a dos processos jurídicos.

A Nova República cometeria o grave erro de naturalizar os atores da ditadura militar, basta pensarmos em Antônio Carlos Magalhães em pleno governo FHC e numa outra figura ilustre e bigoduda. Afastar o generalato, obrigar as forças armadas a fazer o mea-culpa, suspender a lei de anistia e prender os torturadores, segundo Vladimir, era o mínimo que se esperava. Os próprios pactos internacionais, que o Brasil assinou, impediam que um governo ditatorial pudesse ser autoanistiado. Trata-se de uma lei de anistia estranhíssima que libera os funcionários de estado que cometeram assassinato, ocultação de cadáver, estupro, tortura, terrorismo de estado, mas segundo a qual, em relação aos combatentes da luta armada, não bastassem os desaparecidos, os que cometeram crimes de sangue não são anistiados em 79, sendo libertados por comutação de pena apenas em 81 e 82.

Vladimir lembra também que na constituição de 88, os capítulos de segurança nacional são os mesmos da constituição de 66, ou seja, representam o mesmo ponto de vista jurídico nacional. Não seria de se estranhar, portanto, que se tortura mais hoje que no próprio período da ditadura militar. Os que faziam a prática da tortura nas polícias militares continuaram em seus postos após a democratização, justamente porque não houve a devida depuração. Daí que no Brasil, ao contrário da Alemanha, o passado não passa.

Tanto em 2013 quanto em 2016 e 2018, Vladimir não poupa críticas em relação ao PT e à esquerda (aqui, me parece, vai estar o principal ponto de diferenciação em relação à Gleisi Hoffmann, o que nos leva a pensar numa diferenciação entre filosofia e política, ou entre o pensamento e a prática, tendo em vista ambas as falas).

Segundo Vladimir, a esquerda – e ele inclui aqui todos os seus atores, não somente o PT – não esteve à altura de 2013, a revolução traída. Não soube se reorganizar, não soube se recompor e não soube se livrar de sua hegemonia. E lembra países como França e Inglaterra, que diante de uma radicalização de direita, efetuaram uma radicalização de mesmo grau à esquerda. Segundo Vladimir, o partido trabalhista inglês, hoje em dia, é mais radical que o PSOL.

Em 2016, para Vladimir, a "insuportável" hegemonia petista (os adjetivos são mais importantes do que imaginamos) foi incapaz de ver que, com o processo de criminalização, o PT deveria ter saído de cena, exatamente como aconteceu com o partido republicano italiano (aqui, Vladimir, suponho, esteja fazendo uma alusão à participação do PRI com a Democracia Cristã em vários governos, propiciando uma certa estabilidade política).

Já em 2018, tanto os partidos de esquerda e centro esquerda quanto os sindicatos não estiveram à altura do que estava em jogo nas eleições no Brasil, incapazes de uma frente ampla, cabendo à mobilização espontânea, na última semana das eleições, por parte de pessoas não ligadas a partidos, nem a sindicatos, nem a associações tradicionais, o dado mais surpreendente. E Vladimir estabelece a lógica da força e não da razão, nem da ética, para compreender o resultado das eleições brasileiras - não apenas desta última, mas como uma marca nacional: quem vai ter força pra me proteger? Essa é a pergunta-karma de um povo que vive a todo o momento o pânico da desagregação - o que explica os militares, Getúlio e Bolsonaro. Por que voltar com o PT se ele foi fraco, sofreu impeachment e seu maior líder está preso? Ao invés do retorno ao elemento constituinte da nossa história, representado pelos 30 anos de democracia, opta-se por uma representação da força, ainda que esse processo histórico nos leve para uma dimensão ainda não experimentada e, portanto, de alto risco.

Meu próximo texto vai abordar a entrevista de Gleisi Hoffmann, com a mesma escuta. E vamos então poder estabelecer as diferenças e semelhanças entre ambos os discursos, o que é uma forma de ver as relações muito particulares entre intelectuais e políticos.

O silêncio dos políticos

A entrevista da senadora e presidenta do PT, Gleisi Hoffmann, no programa Entre Vistas de Juca Kfouri, me remeteu a um antigo conto de Leon Tolstoi. Em resumo, o narrador dizia assim: "Os heróis franceses se caracterizavam por frases célebres e eram mais valentes. Mas entre a valentia deles e a do capitão Koplov, havia uma diferença. Se em qualquer ocasião, brotasse da alma de Koplov uma grande palavra, estou certo de que não a pronunciaria; em primeiro lugar porque temeria pôr a perder com ela um ato grandioso e em segundo lugar porque, quando alguém sente que possui forças necessárias para realizar uma grande ação, as palavras não lhe fazem falta alguma. A meu ver, é esse o traço elevado que caracteriza a valentia russa".

Ao contrário da fala de Safatle, analisada no texto anterior, a senadora Gleisi Hoffmann me lembrou essa valentia russa. Mostrou-se relativamente tranquila, ciente de si, sem adjetivos pesados e, em determinado momento, quando colocada a questão Ciro Gomes, foi pragmaticamente lacônica. Nesse aspecto, poderíamos transformar o nome do curso da Funarte, que comentamos no início do texto anterior, e tentar interpretar "o silêncio dos políticos".

Quando questionada sobre possíveis erros cometidos pelo partido, em momento algum se mostrou refratária a tal reconhecimento. Mas, segundo Gleisi, autocrítica se faz reconsiderando antigas práticas - o que nos coloca logo num outro patamar de análise: não se trata de discurso apenas, o que está em jogo agora são novas práticas. Se a maior crítica que o partido viria a sofrer seria sobre a utilização de recursos de campanha, nessa última eleição só foram utilizados o fundo partidário e as contribuições do fundo das pessoas físicas. Além disso, Gleisi também reconhece a oportunidade perdida de uma reforma política que o governo petista poderia incrementar, mas faltou correlação de força. O capital político do governo foi direcionado, segundo Gleisi, pra três eixos mais urgentes: a fome, a baixa renda e a ausência de uma estrutura educacional. É curiosa também essa exigência de autocrítica direcionada ao partido dos trabalhadores, quando, na verdade, quem mais sofreu expiação foi o PT, se comparado com outros partidos, vindo a responder por inúmeros processos, além de ver seus líderes penalizados e submetidos a uma desconstrução pública. Mala de dinheiro, enriquecimento ilícito e dinheiro no exterior não fazem parte do universo petista.

A vulnerabilidade ao retrocesso é devida, segundo a senadora, ao nosso longo histórico de preconceito e autoritarismo: dos nossos 500 anos de história, o período mais longo de democracia foi pós-88, o que representa apenas 30 anos, dos quais os três últimos períodos foram marcados pela inclusão social, maior marca do partido dos trabalhadores. Avanços sociais, levando pessoas a participarem de espaços em que até então nunca tinham entrado, promoveram uma diversidade que irritou a elite e setores médios da sociedade. Não é difícil elencar razões para a vitória bolsonarista: além das fraudes, a senadora reconhece um relaxamento em relação às bases sociais - não houve, durante os governos petistas, uma conscientização política que deveria ser promovida pelo partido e seus militantes.

O governo petista, segundo a senadora, fez a sua parte oferecendo oportunidades através de programas sociais como o projeto Minha casa Minha vida, estimulando o empoderamento financeiro de mulheres da periferia através do Bolsa-Família, da titulação da faixa 1 do Minha casa Minha vida em nome das mulheres, do disque 180, da casa da mulher brasileira... Numa direção contrária de alguns intelectuais, que veem a necessidade de renovação do discurso, de uma nova linguagem capaz de afetar parte do eleitorado perdido, Gleisi Hoffmann insiste em que, enquanto oposição, o antigo legado do governo petista terá que ser resgatado. Porque os programas oferecidos eram coisas novas (não é à toa que Lula tinha 40% de intenção de votos antes de sua candidatura ser interrompida, o que acena de forma inequívoca no sentido da aprovação popular de seu projeto). Nesse sentido, Gleisi responde de forma negativa à ideia de que a população, com a vitória de Bolsonaro, quisesse alguma espécie de renovação.

Para Gleisi, os novos discursos de resistência terão que continuar contemplando a base da sociedade. A bandeira da luta contra a fome terá que ser retornada como pressuposto da dignidade humana, assim como a melhoria da renda contra a desigualdade. E os núcleos de base voltarão a ter a sua devida importância através de pequenas reuniões, discutindo os problemas cotidianos de cada grupo.

A outra frente é a luta no judiciário, ainda que Gleisi reconheça este como um um poder ainda vinculado às elites no Brasil. O partido está solicitando ao STF a anulação do julgamento de Lula, alegando tratar-se de um julgamento político - Gleisi espera que o STF julgue-o baseado no devido processo legal. E o partido também entrou com uma ação na justiça eleitoral contra os milhões de disparos de fake news por WhatsApp, configurando caixa 2. A democracia liberal que o partido encarna e em que acredita configura-se como um absurdo kafkiano. Muitos gostariam que houvesse mais radicalização. Gleisi fala: "Temos que acreditar na construção de instituições que possam fazer o fortalecimento da democracia e trazer justiça. Se não, temos que desistir do que estamos fazendo".

Cada vez me fica mais nítida a diferença que Tolstói estabelece entre o exército russo e o exército francês. Até o silêncio de Gleisi em relação a Ciro põe em relevo essa diferença. Que é a mesma entre o pragmatismo político e a filosofia. A mesma diferença, durante a transição democrática, entre olhar pra frente e olhar pra trás. Entre relação de crenças alteradas gradativamente e ruptura. Diferença entre negociação política e ajuste de contas. O sucesso internacional de Lula ratifica essa diferença. Sua teimosia kafkiana, seu processo contínuo e irritante de negociação obrigam o porteiro a fechar a porta na sua cara, interrompendo essa abertura mortal.

As barbas de Marx e as revoltas antipolíticas

Quando me remeti às falas de Vladimir Safatle e Gleisi Hoffmann, nos dois textos anteriores, partindo de entrevistas que ambos concederam, pude perceber um ponto em comum: ambos escolhiam o momento da redemocratização. Para Gleisi, iniciava-se ali o período mais longo da democracia brasileira em seus 500 anos de história; para Safatle, não houve um ajuste de contas com a ditadura militar, como viria a acontecer na Argentina e no Chile, e o maior exemplo foi a lei de anistia, o que propiciou a volta dos fantasmas. Ainda que constatemos, entre o político e o filósofo, perspectivas diferentes, o ponto de onde partem é o mesmo. E a escolha do ponto de partida é sempre revelador.

Queria dar agora um outro exemplo de perspectiva política, cujo ponto de partida não é mais o período da redemocratização (A Nova República ou a constituição de 88). Estou me referindo a Bruno Cava, engenheiro, mestre em Direito na linha de pesquisa emTeoria e Filosofia do Direito, blogueiro, ativista nas jornadas de 2013 e nas ocupações de 2011 e 2012, participante da rede Universidade Nômade e coeditor das revistas Lugar Comum e Global Brasil. Em seu texto "O 18 de brumário brasileiro", Bruno escolhe um outro ponto de partida: as jornadas de junho de 2013.

É curioso que quando me remeto a esse período, me lembro de fatos aos quais estive ligado. Em primeiro lugar, a ojeriza que sentia por Sérgio Cabral e Eduardo Paes, ainda que me sentisse ligado ao PT. Naquele momento, nas manifestações de rua, pelo menos no Rio de Janeiro, sentia que o inimigo número 1 eram mais o estado e o município do que propriamente o governo federal. A outra questão era como barrar determinadas PECs que seriam votadas no congresso. Me lembro de um grande amigo que odiava o PT, mas era a favor das ocupações das escolas. Ou seja, tanto as ocupações quanto as jornadas eram formadas por uma combinatória de forças que muitas vezes se contradiziam. Nesse sentido, acho interessante que Cava remeta a Deleuze, ainda que, no frigir dos ovos, e ao contrário do que consta na introdução, a barba de Marx tenha se mantido intacta.

Naturalmente há uma diferença entre a análise materialista marxista e o método de dramatização deleuziano.

No primeiro caso, como consta no clássico "O 18 de Brumário de Luís Bonaparte", a teoria da repetição histórica está a serviço do modo de teatralização das forças em jogo nas representações. No caso da Revolução Francesa, de 1789, o passado glorioso do Império Romano é repetido, mas sem pressão em relação à tradição e através de um processo violento, próprio das forças de transformação histórica, que fazem produzir-se o novo. O importante é que a burguesia terá uma boa relação com a luta de classes, o que dá à Revolução Francesa o caráter de uma repetição trágica. O contrário se verifica no período pós 1848, quando a revolução francesa é reencenada (cópia da cópia), momento em que a força motriz do levante operário (junho de 1848) é expulsa - é a má relação da burguesia com a luta de classe, gerando uma repetição cômica.

Já em Deleuze, a teoria da repetição histórica deixa de estar ligada aos gêneros de representação (tragédia e comédia) e liga-se ao processo dinâmico de aumento e redução de potência. Nesse caso, a farsa (o passado como solo em que os personagens se movem) teria um grau mínimo de potência, enquanto a tragédia teria um grau máximo (potência de tudo que determinado personagem pode - afirmação do novo). Já o drama é o tempo do evento, a criação do novo, o eterno retorno de Nietzsche – percebe-se que no esquema deleuziano a relação com o tempo do evento é que vai vincular o tipo de posicionamento intensivo, farsa ou tragédia, e não a seleção do gênero como se fosse uma decisão individual da vontade, própria do pensamento burguês iluminista e hegeliano. Mas a fundamental diferença entre a análise materialista marxista e o método deleuziano é que, no primeiro caso, há de início o teatro das forças e depois o teatro das sombras: as chacinas de 1848 (tragédia) e depois o registro paródico do encadeamento dos fatos, pós 1848 (farsa). No caso de Deleuze, há uma ética das repetições históricas na direção da transformação da historicidade (primeiro a farsa, depois a tragédia).

Para Cava, que constrói um paralelo entre o 18 de Brumário francês (o levante de junho de 1848/ a restauração/ o golpe de estado de Luis Bonaparte) e o brasileiro (as jornadas de junho de 2013/ a pacificação e o ajuste/ o impeachment de Dilma), as análises catastróficas, tanto das facções da burguesia francesa golpeada quanto dos petistas e seus aliados, vão estar dentro de uma perspectiva linear da história, segundo a qual uns representam o progresso e outros o retrocesso. Nesse sentido, os golpeados vão interpretar a repetição como um retrocesso.

No entanto, pelo processo de dramatização, a posição dos personagens não é fruto de escolha individual, mas resultado da coordenada das forças reais que movem a história (distância entre elas e suas respectivas intensidades). Caberia, então, reconstruir o teatro das forças e verificar de que maneira essa cartografia de forças precipita os acontecimentos segundo uma tendência cômica, no pós 1848 ou no pós 2013 (ainda que as jornadas de 2013 tenham sido pacificadas, elas continuariam a assombrar a cena e seus personagens como uma figura espectral).

Entre o Partido da Ordem, do qual faz parte a casta política, e a República Policial-Judicial de Curitiba, haveria, segundo Cava, muitos pontos em comum. Mas, sobretudo, os métodos antidemocráticos: se o primeiro tomou medidas de exceção contra as jornadas de junho, a segunda decretou estado de exceção contra o primeiro.

É como se a farsa da política partidária e seu respectivo deserto abrissem caminho ou fossem condição de possibilidade para a normalidade da gestão policial-biopolítica. Como se o Partido da Ordem, fazendo da política um deserto, tornasse possível a República Policial-Judicial de Curitiba, que não quer o Partido da Ordem, mas a ordem. Se a jornada de junho é apolítica, a Lava-Jato também o é, mas não por um processo de repetição; antes, por um processo de continuação por outros meios, a linha de atualização anticorrupção expressa-se nas passeatas verde-amarelo de 2015-2016. Dessa forma, reduz-se junho a uma linha narrativa e evolutiva que explode com o Mensalão em 2005-2006 e depois atua em fogo lento até chegar à prisão de Dirceu pelo STF, em 2012. Nesse sentido, os tempos das guerras de narrativas, que se deram pós jornada de 2013 sob os auspícios do Partido da Ordem, e os tempos dos togados têm profundas relações: ambos são farsas.

Além de compreender os acontecimentos pelas forças subjetivas que animam ou desanimam o presente, há como interiorizar as linhas de força na própria análise, como uma espécie de ferramenta para a intervenção: multiplicando as linhas temporais e selecionando-as na medida em que toquem a repetição dramática, a potência terrível do evento.

Ao final de seu longo ensaio, Cava considera o evento, no século XXI, como o tempo de indeterminação, imprevisível e sincrônico (no século XIX, viria ligado à revolução e ao futuro). Com isso, o evento hoje enfrentaria as imagens idealizantes, que parodiam a história, assim como estaríamos condenados a revoltas antipolíticas e desconjuntadas para desordenar o futuro engendrado na sala de máquinas. Dramatizar a conjuntura, no entanto, seria a aposta do autor na saída da crise, esta entendida como o ponto decisivo na borda do possível, onde se poderia intervir, empurrando os antagonismos para a mudança efetiva, onde se poderia fazer história. Ao final, a impressão que se tem é de que, por mais que Deleuze tenha tentado transformar a barba de Marx no bigode de Nietzsche, a barba de Marx cobriu tudo.

Com uma câmera na mão e uma máscara de gás na cara

Dando continuidade ao texto anterior sobre as jornadas de junho de 2013, em que destaco os principais pontos do ensaio "O 18 de brumário brasileiro", de Bruno Cava, queria trazer pra discussão um curta de um jovem diretor, Ravi Aymara.

"Com uma câmera na mão e uma máscara de gás na cara" mostra a visão de cinco jovens que documentaram os protestos de rua em 2013 no Rio de Janeiro, permeado o tempo todo por imagens dos manifestantes. O curioso título remete à frase símbolo da *nouvelle vague* (com uma câmera na mão e uma ideia na cabeça), ao mesmo tempo que estabelece uma diferença fundamental em relação ao movimento francês da década de 60. A questão aqui não está fechada com uma determinada ideia, o que certamente causou incômodo a segmentos da política brasileira.Como nos informa um dos jovens, Victor Belart, o importante é registrar, com o que estiver ao seu alcance, o acontecimento - neste caso, o material bruto torna-se mais importante que o editado. Ao mesmo tempo, Filipe Peçanha, que filmou as manifestações através de celular para a Mídia Ninja, ressalta o que ele chama de "baixa qualidade e alta fidelidade": os celulares seriam o modelo de uma visão subjetiva, ao contrário da estabelecida pela grande mídia com o seu olhar de fora. Ainda que com uma edição rudimentar em relação à grande imprensa, no próprio processo de olhar, apontar e escolher, segundo Peçanha, já estaria implícita uma certa edição, ao contrário do puro registro. Essa perspectiva subjetiva contribuiria para o que Peçanha vai chamar de "mosaico de parcialidades". O próprio Daniel Peralta, outro envolvido no registro dos acontecimentos, no caso, para uma empresa de grande mídia, ressalta a questão da diferença desses registros ao comentar a liberdade do telespectador de mudar de emissora, caso não venha a concordar com o que está sendo veiculado. Por outro lado, ao contrário de Peçanha, Peralta admite, como cinegrafista, a dificuldade de ver as movimentações das ruas como um todo, e que sua preocupação está em registrar o que está acontecendo na hora à sua frente, eliminando assim a perspectiva subjetiva, conforme havia sido indicada por Peçanha.Fabian Cantieri, autor de "Balão Negro", média-metragem que também documenta os protestos, vai apresentar algumas reflexões, dentre as quais, a diferença entre cinema e internet. Para Cantieri, seria importante construir imagens de uma natureza diferente da internet, de maneira que pudesse estar implícito no trabalho o tempo de maturação das ideias, próprio do cinema. Por outro lado, segundo Cantieri, ao contrário do olhar da grande mídia, a importância de presenciar o fato, como fazem esses novos cinegrafistas, implicaria uma outra perspectiva, um novo ângulo.Sobre a questão do quebra-quebra, que o próprio Peçanha reconhece como um ponto de discórdia dentro do movimento de ocupação das ruas, mas que, segundo ele, teria sido responsável pela maior visibilidade do protesto, Daniel Peralta entende como o fato mais relevante das manifestações, ainda que, pessoalmente, discordasse do ato. Peçanha coloca a questão clássica sobre o vandalismo efetuado diariamente pelo Estado contra o cidadão comum, e Michel de Souza, autor do curta "No Olho do Furacão", comenta o fato de que o quebra-quebra na ALERJ, ao contrário do que teria sido alardeado pela Secretaria de Segurança, não foi obra de vândalos profissionais, e sim de trabalhadores do centro e moradores de rua.Uma outra questão trazida à baila foi a repressão por parte dos manifestantes. Se Victor Belart, conforme comentou, ao registrar o quebra-quebra na ALERJ, não sofreu nenhum tipo de repreensão por parte dos manifestantes, tendo observado inclusive o rosto descoberto deles, a sinalizar uma certa transparência por parte dos que estavam depredando o patrimônio público, no caso de Michel de Souza, ao fotografar a tentativa de incêndio de uma agência bancária, acontece o contrário: é abordado com violência por parte desses manifestantes. Michel de Souza comenta também a violência sofrida pela grande imprensa, tendo observado, por exemplo, um câmera de TV sendo chutado pelos manifestantes (sua conclusão é de que esses manifestantes viriam a praticar com a grande imprensa a mesma violência que reclamam sofrer por parte desta, e que, se não fosse essa imprensa, as manifestações não teriam ganho o mesmo peso). Sobre a questão da repressão policial, Peçanha sentiu, por parte da polícia, a falta de um representante que pudesse negociar com os manifestantes, de modo a conduzir a manifestação, ao invés de partir para o ataque - e que o maior ato de vandalismo não foi o impetrado a uma propriedade por parte dos manifestantes, e sim, ao corpo humano através de balas de borracha, gás lacrimogênio e spray de pimenta por parte da polícia. Michel de Souza, no tocante à reação policial, viu um mix de amor e ódio, tendo percebido que muitos deles nem gostariam de estar ali. Já Cantieri observa que a preocupação policial não era só dispersar os manifestantes: "Muitas vezes dispersavam e continuavam a correr atrás". Nesse momento, a perspectiva de Daniel Peralta é a que vai mostrar maior perversidade (o fato de estar trabalhando para uma empresa de grande mídia não se fará isento de consequências): "Para mim tanto faz se a polícia vai bater ou não; quanto mais coisas acontecerem, melhor pra mim; há exageros por parte dos policiais, mas eles estão cumprindo o papel deles". Já Michel Belart aponta o mal preparo dos policiais (o fato de serem mal remunerados) para a falta de respeito por parte deles em relação aos manifestantes; e que, numa manifestação de 100 mil pessoas, a fronteira entre o protesto pacífico e o caos, é realmente mínima. A cena mais marcante para cada um deles, deixa claro esse mosaico de parcialidades que o curta de Ravi Aymara vai mostrar, sublinhando um cinema constituído por várias vozes, muitas vezes destoantes entre si, formando mini-narrativas dissonantes:Para Michel de Souza, a cena mais marcante foi a invasão da ALERJ, em que a polícia sai correndo dos manifestantes, fazendo entrever a fragilidade do Estado diante da força popular; para Filipe Peçanha foi a manifestação diante da Rede Globo, empresa que encarnaria o monopólio das comunicações.

Para Daniel Peralta, o momento mais marcante sempre é a primeira pedra, rompendo o silêncio e instaurando o caos.Para Fabian Cantieri, o mais marcante é o fato de que as cenas violentas cada vez mais impactam menos - como se à medida que fôssemos levando porrada, fôssemos ficando menos sensíveis.

Por fim, para Victor Belart, a cena mais marcante foi a polícia indo pra cima de 1 milhão de pessoas nas ruas.Concomitante a esse mosaico de pontos de vistas, as cenas das manifestações vão transcorrendo, chamando-nos atenção para dois momentos distintos: quando um policial se dirige a um manifestante, dizendo - "Tá com a identidade? Tu é um viciado maldito!"; e num outro momento, quando um manifestante se dirige a um policial - "Quebrou a câmera dele; eu perguntei que homem era você; você é um covarde!".Sejam nas imagens, sejam nas declarações dos cinegrafistas, o curta de Ravi Aymara vai explorar sobretudo as diferenças de vozes, de matizes, transformando a polarização maniqueísta da grande mídia num enfoque mais rico e menos imediatista. Equidistante da internet e da grande imprensa, o cinema, retomando a sugestão de Fabian Cantieri, talvez seja o lugar mais adequado para a construção de uma imagem que requer uma maior maturação das ideias.

A Constituição de 1988 e o STF

Nessa época, 1975, eu tinha entrado para a Faculdade de Direito da UERJ. Guardo bem a imagem de dois professores: Paulino Jacques, já bem velhinho e muito respeitado na área jurídica, que dava o curso de Filosofia do Direito; e Fernando Whitaker da Cunha, professor de Direito Constitucional, sempre de terno, elegantérrimo. Seu livro "Democracia e Cultura - A teoria do Estado e os Pressupostos da Ação política" é um clássico da literatura jurídica. Nessa época, eu desconfiava que um bigodudo que sentava ao meu lado era do DOPS.

Encontrei recentemente um texto de Fernando Whitaker sobre a Constituição de 1988, escrito em 1989, que termina curiosamente assim em seu último parágrafo: "Uma síntese crítica da Constituição, apesar dos inocultáveis desníveis básicos, não pode deixar de reconhecer nela certos avanços significativos em segmentos diversos e de almejar que superando suas deficiências, abra caminho para um verdadeiro Estado Democrático".

Por outro lado, conheci, alguns dias atrás, um importante texto sobre a referida Constituição, escrito recentemente, que traz como título "O fim das ilusões constitucionais de 1988?". Ainda que esteja em forma de pergunta, é como se o artigo, escrito por Enzo Bello, Martônio Montal'Verne Barreto Lima e Gilberto Bercovici, nos sugerisse, só pelo título, que a Constituição de 1988 não foi capaz de abrir caminho para o tal Estado Democrático. Pois a leitura do texto, que passamos agora em revista, não só nos confirma a sugestão como também indica que a Constituição de 1988 está morta.

E talvez esteja morta justamente porque se acreditou que tivesse força suficiente para desbravar o campo do real e transformá-lo. Era essa a equivocada expectativa não só de Fernando Whitaker, mas de todos aqueles que a promulgaram.

A discussão que o texto promove, fazendo um paralelo com a Constituição de Weimar de 1919, é que, tal como Carl Schmidt entre 1919 e 1933, os críticos conservadores da nossa Constituição, ao mesmo tempo que criticam o seu dirigismo expresso nos dispositivos relativos a políticas públicas e direitos sociais, impõem, pela via da reforma constitucional e da legislação infraconstitucional, políticas ortodoxas de ajuste fiscal e de liberação da economia. Em outras palavras, esses críticos conservadores promoveriam uma constituição dirigente invertida. A grande ilusão seria justamente essa: transformar a realidade só com dispositivos constitucionais, fazendo da constituição uma teoria autossuficiente. Afinal, qualquer constituição só pode ser concretizada por meio da política e do estado.

A Doutrina Brasileira da Efetividade, muito presente no campo jurídico brasileiro a partir da década de 90, que tem como origem uma tese escrita em 1968 por José Afonso da Silva, "Aplicabilidade das Normas Constitucionais", tese que estabelece uma diferença entre normas programáticas e normas jurídicas – as primeiras, revestidas de intenções políticas e ideológicas - , terá como agenda uma concepção isolada do direito, a perspectiva kantiana e a judicialização da política e das relações sociais. Sua proposta teórica é que, diante do déficit de concretização das normas constitucionais, a interpretação, a argumentação, os atores do sistema jurídico (tribunais, defensoria...) seriam formas de aplicar as normas constitucionais, principalmente dos direitos humanos - a aplicabilidade do direito normativista seria o modo mais seguro de garantir esses direitos fundamentais, cujo princípio é a dignidade humana, conforme a matriz alemã da teoria dos direitos fundamentais. Ao invés das questões constitucionais serem abordadas pelo viés da ordem econômica (soberania, redução de desigualdades, pleno emprego, tratamento diferenciado à pequena empresa), o viés kantiano do individualismo, da autonomia da vontade, do racionalismo, acaba por privilegiar, dentro da Constituição de 88, a propriedade privada, a livre iniciativa, a livre concorrência e a defesa do consumidor. Esse elo entre a teoria dos direitos fundamentais, que torna abstrata a figura do sujeito de direito através da vontade de autonomia, e o novo direito constitucional pós-guerra europeu, vai marcar profundamente a Doutrina Brasileira da Efetividade, que terá no ministro Luís Roberto Barroso um dos seus principais defensores.

A consequência é a judicialização da política e das relações sociais. Ao invés das decisões de natureza política, econômica e social ficarem restritas ao Parlamento e ao Poder Executivo, passam a fazer parte das decisões do STF, que é um ambiente sem transparência e cujos agentes públicos, sem investidura do voto popular, estão livres do controle político e social. Com justificativas subjetivas, tais como dignidade, proporcionalidade, razoabilidade, efetividade... a judicialização impõe: um controle difuso de constitucionalidade no cotidiano das relações sociais; um controle absoluto e abstrato de constitucionalidade quando, por exemplo, o STF cria a hipótese de perda de mandato parlamentar não previsto na Constituição de 88; e, por fim, um controle judicial de políticas públicas quando algumas decisões jurídicas têm feições de lei ou de medidas administrativas, substituindo assim legisladores eleitos e administradores públicos.

Alguns exemplos de decisões do STF, que tocam em cláusulas pétreas da Constituição como a "presunção de inocência", nos sugerem uma espécie de juristocracia, que é a supremacia das cortes constitucionais sobre a própria constituição. Em consequência, sobrepõe-se ao Poder Constituinte o Poder Judiciário ou poder constituído, eliminando ao mesmo tempo o custo de demorados e normais processos políticos legislativos. A própria recusa da presidência do STF de retomar a discussão sobre a questão da presunção de inocência no momento eleitoral de 2018, quando duas ações declaratórias de constitucionalidade achavam-se prontas para o julgamento, torna o papel do STF ainda mais questionável quanto à sua lealdade à Constituição. O cumprimento da pena privativa de liberdade, logo após decisão de órgãos judiciais colegiados, antes do trânsito em julgado, como nos sugerem os três juristas-autores desse importante texto que incorporamos, não é uma mutação constitucional. É antes uma ruptura, uma violação da constituição por parte da juristocracia, que passa a ter sobre aquela um poder de vida ou morte.

A reforma gerencial ou regulatória na década de 90, à qual vai estar ligado Bresser Pereira, impunha à Administração Pública uma atividade diferente do que propunha a Constituição de 1988 – a inclusão em seu texto do programa nacional desenvolvimentista sugeria uma Administração Pública centralizada, que formula e planeja as políticas públicas, ou seja, detendo o controle de procedimentos e meios. Pois a reforma regulatória conferiria à Administração Pública a criação de órgãos independentes da estrutura administrativa tradicional, por critérios técnicos, para regularem e fiscalizarem a prestação dos serviços públicos. Com isso há um repasse de atividades estatais para a iniciativa privada, cabendo ao Estado, como sua principal tarefa, o controle do funcionamento do mercado. Com as agências reguladoras, conforme a Teoria da Captura, se regulariam as falhas do governo, provenientes da cooptação do Estado para fins privados. Tornar público o estado, em contraposição ao seu passado patrimonialista, é o que legitimaria a privatização das empresas estatais e a criação das agências regulatórias.

O que está em jogo nesse processo é claramente a ideia de um Estado neutro, técnico, de regulação e controle, ao invés de um estado que promova novas políticas, um estado ativo (não necessariamente dirigista), que atue na esfera econômica, por exemplo, corrigindo distorções. A neutralidade nesse caso sugere que as escolhas coletivas sejam a partir de cálculos de utilidade que os indivíduos fariam tendo em vista seus próprios interesses (o controle de resultados, visando a maior eficiência possível, subsume esses cálculos de utilidade, como se não existissem valores sociais e fazendo sempre os interesses de mercado prevalecerem sobre a política democrática).

De qualquer maneira, o que os autores do texto "O Fim das ilusões contitucionais de 1988?" indicam, é que, não obstante a redução economicista da eficiência (a relação custo-benefício) a que foi submetido o Estado Brasileiro na década de 90, subtraindo-lhe o seu poder ativo de criação de mercados, as agências regulatórias, na verdade, apenas deram um ar de modernidade ao tradicional patrimonialismo do Estado Brasileiro. A nova forma de captura de fundo público, o novo patrimonialismo, além de subtrair das mãos do estado a iniciativa de criar mercados, tirava das mãos dos políticos as decisões jurídicas, políticas e econômicas.

A partir dos anos 2000 vão se estabelecer não só diferenças em relação à política econômica, mas também quanto à interpretação da constituição. Se a política industrial dos anos 90 era de importação, em 2000 reaparece a figura do extrativismo, nossa velha conhecida, com a exportação de produtos primários, as commodities. O Estado torna-se mais intervencionista e o regime regulatório mais forte em torno da mineração, petróleo e agronegócio, visando acordos melhores com agências financiadoras internacionais. A subordinação dos países latino-americanos ao fluxo do comércio internacional fica explícita a partir de então, com regras de controle às empresas para controlar impactos sociais e ambientais.

Seguindo a tradição americana e alemã, os críticos da Constituição de 88, na década de 90, compreendiam a livre iniciativa como um instrumento para se alcançar os objetivos da constituição, ainda considerada muito detalhista, vinculada em excesso ao sistema político, o que acabava por gerar, segundo eles, ingovernabilidade. Na década seguinte, porém, a livre iniciativa torna-se princípio inviolável e sua previsão na constituição seria, para esses intérpretes, uma clara opção por um modelo privatista. Há, portanto, uma captura ideológica do texto constitucional. O Estado só pode atuar na esfera econômica legitimado por toda uma série de dispositivos constitucionais, que acabam reforçando o seu papel secundário de fornecer subsídios ao setor privado, este compreendido como o principal ator na produção de riquezas e no desenvolvimento nacional.

Em política, uma mudança aparentemente repentina é, na verdade, muito lenta. O furacão de 2016, o impeachment político de uma presidenta legitimamente eleita, vem sendo preparado, lentamente, desde os anos 90.

No próximo texto, penetramos na segunda década deste século enigmático, sob o olhar estarrecido do professor Fernando Whitaker e do bigodudo sinistro que continua sentado ao meu lado.

É difícil reconhecer uma travesti

Paulo Arantes, num debate ocorrido na USP, foi quem chamou a atenção para o ensaio de Enzo Bello, Gilberto Bercovici e Martônio Mont'Alverne Barreto Lima - "O Fim das Ilusões Constitucionais de 1988?", que viemos seguindo passo a passo no texto anterior e a que agora damos prosseguimento. Na verdade, a ideia, que me guiou nesse estudo foi fazer um paralelo entre esse importante texto, escrito em 2018, e outro, escrito em 1989 por Fernando Whitaker da Cunha, jurista e professor de Direito Constitucional na UERJ, de quem tive o prazer de ser aluno. Comparar esses dois importantes textos sobre a Constituição de 1988 serve pra marcar o caráter de esperança, próximo à sua promulgação, e de profundo pessimismo 30 anos depois.

O curioso é que, próximo de sua promulgação, o Ministro Moreira Alves já adiantava que a aplicação da constituição traria muitos problemas ao país e que, com o tempo, o STF cuidaria de corrigir suas imperfeições. O que se verificou com o passar dos anos foi, de fato, uma espécie de contorcionismo de juízes e tribunais para a aplicação seletiva da constituição e todo um esforço em insistir na justeza de tal aplicação perante a opinião pública. Na verdade, a última instância do poder judiciário, que deveria guarda a constituição, acaba por esvaziá-la.

O causador disso é o estado duplo (se no texto de Bruno Cava, que trouxemos aqui, faz-se uma comparação entre o "18 de Brumário de Luís Bonaparte", conforme a leitura marxista, e a pacificação das jornadas de junho de 2013, já neste estudo a comparação é entre a Constituição de Weimar e a nossa Constituição de 1988 - essas analogias serão sempre problemáticas, mas não deixam de ser ricas e sugestivas enquanto intercruzamento de forças).

Com a vigência das leis de exceção a partir de fevereiro de 1933, na Alemanha, surge um Estado de Prerrogativa que se contrapõe, muitas vezes, ao Estado Normativo ou Estado de Direito. Esse conceito de estado duplo foi desenvolvido pelo jurista alemão Ernst Fraenkel em seu livro "O Estado Dual: uma contribuição à teoria da ditadura", escrito em 1938. O estado nazista, segundo o relato de Fraenkel, baseado em sua atividade como advogado, era duplo: por um lado, pretendia afiançar a proteção jurídica da propriedade privada, a fim de garantir o desenvolvimento de um capitalismo monopolista por meio de uma estrutura administrativa calcada no respeito aos estatutos; por outro lado, fazia operar um sistema governamental não alcançável por limites normativos e garantias jurídicas. No caso de um reclamante ser antinazista, o Estado Normativo se deixava invadir pelo Estado de Prerrogativa, o que evidencia já um diálogo ente os dois. É também notável a participação e o apoio decisivo do judiciário às leis de exceção alemã.

O que fica claro nessa perspectiva da dualidade é que, por trás de uma teoria constitucional que apelaria para um universal sentimento jurídico, para uma ideia eterna da teoria da justiça, com muitos debates perante a opinião pública e muitas reinvenções iluministas, inclusive a possibilidade de igualdade, o que se verifica na prática, no concreto das relações, são as contradições, as poderosas prerrogativas de quem dispõe de vantagens materiais ou imateriais, e os privilégios que aprofundam as diferenças sociais. O ataque à constituição de 1988 se daria justamente por esse "universal sentimento jurídico", onde se verificariam os limites do direito constitucional e da constituição e seus vínculos externos em torno da organização econômica e social. O diálogo entre os dois estados, acima referido, é justamente esse processo.

A Emenda Constitucional n.95 de 2016 pode ser analisada sob o prisma da seletividade das normas constitucionais, ao contrário da tão propalada busca de sua efetividade. A referida emenda é uma medida de exceção, instaurando um novo regime fiscal, com o congelamento por 20 anos de investimento do governo nas áreas de saúde e educação. Claramente há aqui uma não concretização de direitos fundamentais, justificada pelo governo em função de grave crise econômica.

Duas considerações a serem feitas aqui: logo em seguida a essa questionável contenção, o governo despende R$ 32,1 bilhões para emendas parlamentares a fim de agradar a base parlamentar e obstruir dois processos de impeachment contra Temer; e alocam-se recursos para amortização das dívidas públicas e privadas em detrimento de investimentos em direitos sociais. A educação, por exemplo, um direito fundamental que o Estado acessa sob a veste do valor de uso, isto é, a utilidade que o bem "educação" terá para o sujeito, passa a ser encarada sob o valor de troca, via concorrência privada, visando a acumulação de capital sob a esfera dos direitos num processo de privatização ou mercantilização destes.

Esse fenômeno ilustra bem a doutrina constitucional pós-1988, que é a Doutrina Brasileira da Efetividade, segundo a qual a constituição econômica de 1988 é uma mera norma programática, dependendo de regulamentação posterior - não passível de ser imediatamente concretizada -, enquanto a constituição financeira de 1988, devidamente blindada, é neutra, processual, ou seja, separada da ordem econômica e social, esterilizando a intervenção do Estado na economia. O privilégio que se dá aos interesses econômicos privados sobre a ordem constitucional e sobre as políticas distributivas e desenvolvimentistas, gera um estado de exceção econômica permanente - medidas emergenciais, a todo momento, para salvar os mercados, assim como essa Emenda n. 95 que suspendeu a Constituição de 1988 por 20 anos.

Outro reflexo dessa doutrina pós-constitucional de 1988 está na decisão do STF de 30/08/2018, em favor da terceirização de atividades meio e fim. É interessante que no voto condutor, conferido pelo ministro relator Luís Roberto Barroso, constatamos que a narrativa sobre o processo produtivo assume o ponto de vista das empresas: "Terceirização como uma estratégia de produção imprescindível para a competitividade das empresas, cujos empregos queremos preservar". Segundo Luís Roberto Barroso, os direitos trabalhistas (direitos fundamentais) são preservados em razão dos ganhos de eficiência proporcionados pela terceirização.

Direitos fundamentais ligados à segurança jurídica nos remetem à crítica de Marx, segundo a qual os conceitos de segurança jurídica, pessoal ou de propriedades estão ligados ao egoísmo de uns contra outros, próprio das sociedades burguesas. É dessa forma que se elimina a atuação estatal que contrarie interesses econômicos dominantes.

De qualquer maneira, muito embora flagremos um movimento contínuo, nesses 30 anos de Constituição, desaguando no impeachment e na reformulação das leis trabalhistas, de eliminação da atuação estatal, atuação essa prevista na própria Constituição de 1988 em seu artigo 3º, que incorpora um programa de transformações econômicas e sociais (o texto, de Enzo, Gilberto e Martônio, que travestimos, tem claramente essa intenção), ainda assim, chama atenção o fato de que a referida constituição tem dispositivos destinados ao estado de exceção – é o caso previsto do estado de sítio, do estado de defesa e da intervenção federal (também as contradições entre a constituição econômica e a constituição financeira de

1988, aqui já abordadas, dariam margem à questionável citação de Luis Roberto Barroso, segundo a qual o Brasil seria um estado democrático de direito e todas as nossas instituições estariam funcionando normalmente.

É que, conforme a releitura de obra de Carl Schmidt feita por Giorgio Agamben, não há mais necessidade de suspensão formal da vigência de ordenamento jurídico para caracterizar o estado de exceção, que é permanente em razão da constante negativa da aplicação de direitos e garantias fundamentais, nos aspectos políticos e econômicos, para a maioria da população. Essa diferença entre Teoria dos princípios e aspectos político-econômicos foi o que eu tentei salientar, ainda que seguindo passo a passo, num processo de travestimento, esse importante texto de Enzo, Gilberto e Martônio.

Faço mais um movimento em direção ao passado: estamos no ano de 1975, o bigodudo do DOPS continua me olhando, mas é difícil reconhecer uma travesti.

Processos de produção

Diante do espelho a travesti pensa em como vai se produzir. É um momento fugaz. Sua imagem refletida não tem contornos nítidos. É um vazio sobre o qual ela se precipita através de uma série de movimentos. Cílios postiços, cremes, esmaltes... Há um arsenal à sua disposição. Sua regra é nunca se repetir. A cada dia uma nova imagem sobe à superfície através de mil combinações.

"Identidade de esquerda ou pragmatismo radical?" é o título de um texto escrito por Moysés Pinto Neto, apresentado no "Cadenos IHUideias", volume 15, de 2017. E o texto tenta responder à pergunta do título, inclinando-se claramente a favor de uma das alternativas: o pragmatismo radical.

Nesse aspecto, o senso comum, apresentado como um contraponto à retórica da esquerda, escaparia ao dualismo desta, ao ver as coisas no interstício delas. O senso comum seria a favor das políticas sociais sem desprezar a responsabilidade individual, compreendida como o principal critério dos conservadores. Enquanto a esquerda, refém dos tipos ideais, imprime uma pegada sociológica a cada acontecimento interpessoal, o senso comum, sujeito a um empirismo falibilista, sem preocupação com muita coerência, estaria mais atento ao sentido manifesto da situação. Nesse caso, as exceções nunca seriam desprezadas em função do todo. A questão da ética passa a ser muito importante para o senso comum em função da responsabilidade individual, mas, ao contrário dos conservadores, o senso comum não será contra as políticas sociais.

Essa ideia, do senso comum, de uma visão intersticial, justificaria o perspectivismo em relação à esquerda. O fato é que, em seu último capítulo, "A Saída de Emergência", o autor estabelece uma divisão no senso comum, fazendo cair por terra a sua própria visão intersticial. Segundo Moysés Pinto Neto, haveria um senso comum confundido com o conservadorismo, próprio da esquerda reformista, no qual a esquerda passaria a ocupar a "esquerda da direita", deixando vazia a sua posição original - um pragmatismo que se dá através de negociações com o poder em torno de concessões e aberturas, mas dando a sensação de que todos estão sendo saqueados, sem espaço para reação, o que promoveria uma descrença geral no sistema e permitindo que a extrema direita surfasse nessa insatisfação. E contraposto a esse senso comum, haveria outro, articulado a pautas radicais, as quais deixariam de estar ligadas a emblemas identitários - neste caso, a esquerda, ao invés de remar para o centro, traria este para o seu lado, mas através de composições variáveis e contingentes - é o que o autor chamará de pragmatismo radical, sem forma institucional por enquanto, mas com capacidade de organização e ação coletiva, propiciando novas formas de organização e distribuição do espaço-tempo. São forças anárquicas subterrâneas, mas com experiência de organização, tais como: os movimentos que dizem respeito ao direito à cidade e às questões urbanas (a pauta do transporte público deflagrando as movimentações de 2013); a ecologia, o respeito à diversidade e a qualidade de vida, tornando-se consensos não conservadores; e os movimentos das ocupações. O grande desafio desse pragmatismo radical, compreendido como uma saída de emergência para a esquerda, não mais presa à identidade nem ao modelo desidratado da democracia, seria encontrar outras linguagens (não apenas a fala esquerdista) para se comunicar com a maioria.

Mas com isso, acabamos nos sentindo reféns do mesmo modelo dualista que nos condenava à esquerda identitária via luta de classes. Haveria um pragmatismo conservador e outro radical, uma esquerda reformista e outra anárquica. Responder com clareza qual é a alternativa indicada pelo título é perder justamente o viés híbrido.

Esse viés híbrido que o autor reconhece no governo Lula pode ser comparado aos movimentos de 2013? Segundo Moysés Pinto Neto, sim. A classe média nas ruas, com pautas anticorrupção e por mais saúde, segurança e educação, seria uma composição tão híbrida, heterogênea e múltipla quanto o próprio lulismo, com forças políticas sendo cortadas transversalmente em relação à divisão que havia se estabelecido até então com o governo Dilma. Mas o próprio autor reconhece que essa disseminação de novas subjetividades era decorrente do sucesso econômico do lulismo e se contrapunha ao neodesenvolvimentismo, que viria a preponderar no PT com a descoberta do Pré-Sal e a ascensão de Dilma Roussef. Em outras palavras, o lulismo era algo tão amplo que trazia no seu bojo a ampliação do capitalismo para as classes baixas, promovido pelas políticas sociais, e, através de seu núcleo mais duro, incrementava um projeto nacional de crescimento econômico amparado na indústria e construção civil.

Quando eleito em 2002, as batalhas de forças que se deslocam das ruas para os ministérios, com a incorporação dos antagonismos sociais para a burocracia estatal, Ministério da Fazenda (ortodoxo ou neoliberal) e Ministério do Desenvolvimento (heterodoxo ou desenvolvimentista), com entrechoques inesperados, composições e recomposições improváveis, correlações insólitas de forças, produzem uma plasticidade, uma composição heterogênea, que é algo inédito no Brasil. Uma situação que vai gerar, inclusive, incompreensão por parte de uma esquerda radical, representada por alguns intelectuais, como Paulo Arantes, que vaticinam o fracasso total do partido, o que levará, inclusive, por ocasião da reforma da Previdência, à expulsão de alguns petistas mais à esquerda, como é o caso de Heloísa Helena.

O fato é que, em 2005, pesquisas informavam o sucesso das políticas sociais do lulismo, promovendo a ascensão social de segmentos que viviam na linha de pobreza e levando essas forças subterrâneas a reelegerem Lula em 2006, apesar do escândalo do Mensalão. E se antes o partido era sustentado pela classe média (intelectuais, funcionários públicos, artistas, movimentos sindicais), a partir de 2006 se torna um partido de massa. Conforme Guiseppe Coco, a Bolsa Família e os Pontos de Cultura se tornariam embriões da renda mínima, capazes de organizar a classe trabalhadora na era do capitalismo cognitivo e promover um devir-sul do mundo.

Interligar a rua com os ministérios me parece algo absolutamente inédito na história do Brasil e penso que esse foi um capítulo fugaz, mas que propiciou um hibridismo muito maior do que o pragmatismo radical.

Lembro de um texto maravilhoso de Ivana Bentes sobre a economia criativa nas favelas, o qual pretendo retomar um dia, fazendo uma análise mais detalhada do seu conteúdo, porque neste texto de Moysés talvez o ponto mais alto seja justamente o que diz sobre a potência do empreendedorismo. E talvez possamos até pensar no fenômeno Bolsonaro a partir daí. O que, em outras palavras, significa dizer que o ódio ao lulismo deva ser interpretado por sua arquipresença. Lula está na base até de Bolsonaro. Explico.

O lulismo tem suas bases no empreendedorismo individual ou familiar. O crescimento do país se dá por partículas menores, a partir de estímulos microeconômicos. Quantos microempresários não tiveram sucesso a partir dessa política? E quantos, com o tempo, não passaram a odiar o lulismo? Mas, com Lula, a partir de microcréditos, nova política de salário mínimo e bolsa família, foi incrementada uma força criativa popular. O país passou a ser gestado de baixo pra cima. E isso na contramão de uma *intelligentsia* que entendia a virada dos anos 80 no mundo do trabalho, com a formação de redes e do horizontalismo, como uma forma de tornar os trabalhadores empresários de si mesmos, na medida em que são explorados. Não há como deixar de lembrar nomes como o de Marilena Chauí e o do próprio Jessé Souza, que denunciam o regime de informalidade e precarização. É dentro desse espírito que surge, no lulismo, o modelo desenvolvimentista, fazendo frente à burguesia financeira, com uma nostalgia do emprego industrial, conforme André Singer. Através de decisões voluntaristas, que predominaram na segunda fase do lulismo, mais especificamente no governo Dilma, incrementou-se uma junção entre a burguesia industrial e os trabalhadores, que acabou não dando certo. Era uma teoria bem sistemática, um estadocentrismo compulsivo, ao contrário da experimentação trabalhada à luz dos choques e percalços da primeira década do século XXI. A própria estratégia dos BRICS, cuja competitividade era fruto de uma política de jogar pra baixo os salários dos trabalhadores à custa da alta depredação ambiental e exploração de mão de obra, se apresentava na contramão do rearranjo geopolítico do mundo do trabalho. O desejo de retorno ao fordismo, que desde os anos 60 era considerado, por Marcuse e Adorno, como hierárquico e panóptico, fez parte do Brasil Grande, com macro empreendimentos e eleição dos campeões nacionais.

Mas o bolo parou de crescer. E a segunda fase do lulismo não conseguiu concretizar uma cidadania plena, gerando grandes explosões de insatisfação. Vem daí a migração de segmentos populares para o ativismo viral de Direita, sendo que uma parcela universitária se deslocou para a esquerda cultural, incapaz de um diálogo mais amplo com a sociedade. O liberalismo de direita com suas pautas de maior liberdade de mercado, menos imposto e valores mais conservadores, dando no neopentecostalismo, vai agregar, como vetor de subjetivação, o fascismo (contra a esquerda cultural) e o empreendedorismo (teologia da prosperidade).

O desprezo pelo mercado e pela economia, por parte da esquerda reformista – o que representou uma tônica do segundo lulismo – ,desperdiçou experimentos que poderiam mostrar outras formas de visualizar a economia para além do capitalismo e do socialismo. Experimentos que foram testemunhados em regiões marginais ou em empresas como o Google e o Facebook, com novas formas econômicas gestadas a partir das tecnologias de informação, numa lógica menos dogmática e mais experimental, indicam que fenômenos diversos, como o capitalismo e a inclusão de minorias podem ser possíveis, como o capitalismo pode comportar a diversidade e ser francamente favorável ao politicamente correto. Essa heterogeneidade plástica, que Lula foi capaz de produzir no país, é a sua maior marca. Não fica difícil compreender como uma esquerda reformista e cultural foi capaz de gerar um monstro.

Estou pronta. Essa aqui sou eu até amanhã. Depois outras metáforas virão. A noite é uma criança. Bye bye.

Tempos de crise

Das minhas inúmeras idas ao Programa do Jô, sempre com o intuito de divulgar o lançamento dos meus discos, guardo de memória uma das primeiras vezes em que lá estive (não saberia precisar se foi a primeira ou a segunda entrevista), quando o inesquecível Jô me perguntou: "O que você acha das baleias?". Tivesse ele feito esta pergunta hoje, a resposta seria completamente diferente.

Em 2009, Michel Serres, no meio da grande crise financeira por que passava o mundo (nessa época, o nosso país parecia imune a essas coisas), escreveu um textinho denominado "Tempo de Crise - o que a crise financeira trouxe à tona e como reinventar nossa vida e o futuro". Serres, que estreou em livros com uma obra-prima: "O sistema de Leibniz e seus modelos matemáticos".

Mas Serres constatava uma defasagem entre o cassino da bolsa de valores, e, do outro lado, a realidade do trabalho e dos bens. E essa defasagem contábil, segundo o autor, poderia contribuir para avaliar uma segunda defasagem observada: de um lado, o espetáculo midiático-político; do outro, a nova condição humana.

Serres lista seis acontecimentos de grande envergadura, ocorridos entre os anos 60 e 70, que denunciavam uma mudança na configuração do mundo (a palavra "acontecimento" entendida como uma novidade forte, proporcional à duração da era anterior, que vem a ser concluída por tal acontecimento). E o primeiro deles se refere à agricultura. Entre os referidos anos, o período neolítico chega ao fim: em países semelhantes à França, isto é, do primeiro mundo, as populações agrárias caem de 50% do total para 2%. Paralelamente, estudos demográficos informam que se nos anos 2000, 50% da população mundial vivia nas grandes cidades, em 2030 esse número aumentará para 75% . E esse é o primeiro choque: a maneira de pensar o mundo se transforma completamente, passando a ser um pensar da perspectiva das cidades. Tudo se torna político, do grego polis, cidade. Pensando a oposição entre mundo e cidade, o segundo choque é o mundo se vingando e ameaçando os homens – quando nada mais é político.

O segundo grande acontecimento se dá nos transportes, com o impressionante aumento da mobilidade entre as pessoas. Entre os anos 1800 e 2010, aumentou em 1000 vezes a referida mobilidade, sendo que, no transporte aéreo, em 2008, atinge-se a marca de 3 trilhões de quilômetros-passageiros. Em 2006, um terço da humanidade transportou-se de avião. Esse aumento da mobilidade que se dá via transportes, muda um processo que perdurava desde o surgimento do Sapiens, daí a sua força. Mas sofre uma contraofensiva: esses deslocamentos expõem o sistema imunológico dos seres humanos a pandemias às quais talvez não saibamos mais um dia como responder.

O terceiro grande acontecimento diz respeito à saúde. Depois da segunda grande guerra, com o surgimento da penicilina, do antibiótico, dos antálgicos, dos analgésicos e dos anestésicos, desapareceu a dor, ou a forma como os seres humanos se relacionavam com ela. E esse fato muda uma perspectiva de milhares de anos, ultrapassando a história em direção à pré-história. Todo avanço da medicina, interferindo, inclusive, nos exames clínicos, levaram os médicos a uma intermediação tecnológica, que os afastaram do exame do mundo, cada vez mais ignorado. Antigamente, as existências nos incitavam a exercícios que permitiam suportar a dor, essa inevitável companheira de toda a vida. Fugir dela através da indústria farmacêutica passa a ser uma nova forma de afastamento do mundo. E isso sofrerá uma contraofensiva.

O quarto acontecimento é demográfico, em virtude do próprio desenvolvimento médico: com a queda da mortalidade infantil e com o aumento da expectativa de vida (nos países ricos chega a ser de 3 a 6 meses por ano), o crescimento populacional teve o seu apogeu nos anos 68-69, chegando a 6 bilhões de habitantes, e tendendo à marca dos 7 bilhões. Essa nova mudança, que transforma uma perspectiva que perdurava desde a pré-história, provoca mudanças em conceitos como o casamento e a própria guerra: quando a expectativa de vida é pequena, jurar fidelidade eterna e entregar sua vida à pátria não é nenhum bicho de sete cabeças, muito pelo contrário, é motivo de orgulho. Talvez então possamos entender essas mudanças de conceito como uma espécie de vingança do mundo. Afinal, uma das forças aristocráticas, a força militar, é posta em questão.

O quinto acontecimento são as conexões que vão interferir no saber, no espaço e no campo da influência.

Em relação ao saber, ao contrário das teses universitárias de história ou filosofia, nas quais o erudito usava pesadamente, sobre determinado assunto, toda a documentação possível, exibindo-a para mostrar sua obstinada perícia, um clique passa a ser suficiente para exibir toda a documentação. Com isso, há um dilúvio de detalhes que se contrapõe à razão abstrata.

Em relação ao espaço, não se trata mais de um espaço euclidiano ou cartesiano, em que o endereço era compreendido como referência de distância, o que era derivado do direito e do rei: o policial se apresentava em um domicílio no caso de crime, ou de não pagamento de imposto ou por ausência de serviço militar. As conexões (os códigos de celular são um exemplo) produziram o espaço de vizinhança – o espaço passa a ser de caráter topológico: não se reduzem as distâncias, mas as casas são transportadas para um espaço diferente.

Por fim, a questão das influências, que deixam de estar ligadas, necessariamente, a posições de hierarquia social – uma estrela, um político, um escritor de renome. Um vídeo na internet, produzido por um anônimo, pode conter mais visualizações do que os votos de todos os pleitos somados de um determinado político de renome. Não é difícil entender a crítica que jornalistas, estrelas midiáticas e escritores efetuam aos blogs e redes sociais. É justamente em razão da mudança empreendida pelas conexões, dando margem inclusive à vingança do mundo, que será taxada de ódio, nazismo, quando não for processada judicialmente por estrelas narcisistas.

    O sexto e último acontecimento listado por Serres diz respeito aos conflitos. A bomba atômica torna-se o primeiro objeto-mundo, já que uma de suas dimensões é compatível com uma das dimensões físicas do mundo. Se antes da segunda grande guerra, a gripe espanhola ganhava de todos os conflitos no tocante à quantidade de óbitos, a partir desse momento inverte-se o processo e nos tornamos mais capazes que a natureza: os homens se viram mais perigosos para os homens do que o mundo. Essa vitória da razão, da ciência, da tecnologia, no entanto, apresenta uma estranha crise, que pode ser entendida como a vingança do mundo: a hiper-potência, cada vez mais rica, cada vez mais forte militarmente, não conseguiu até hoje vencer uma guerra com um dos países mais fracos do planeta. Essa estranha crise da potência, talvez nos indique o encerramento do reinado exclusivo da economia: esta, por ter separado os seres humanos em classes sociais, faz com que a guerra, conduzida em função de uma técnica, protetora das vidas que a ativam, possa ser perdida diante de uma fraqueza numerosa que não conta suas perdas em vidas. Em outras palavras, a demografia dos miseráveis poderá levar a melhor sobre a potência termonuclear, ainda que essa vitória possa também levar ao fim do planeta.

Serres sublinha, na verdade, a crise das instituições, que desde o período indo-europeu era revezada entre a religião, o exército e a economia, essas três grandes aristocracias. Se na era das luzes a aristocracia religiosa vive o seu fim, após a matança da segunda grande guerra será a aristocracia militar que vai sofrer sua baixa, a ponto de não conseguir ganhar uma guerra considerada fácil de vencer contra fracos e pequenos. A terceira derrocada das instituições, que vivemos atualmente, é a política do pão e circo (banco e televisão), que levou a Roma Antiga à decadência. É quando as instituições, de tão envelhecidas, se refugiam na droga do espetáculo.

A saída estaria no abandono da velha política baseada na dialética (mundo X homens; ciência X sociedade; biólogos X juristas; cientistas X militares), que, inclusive, fundamenta a lógica do espetáculo: "Quem vai ganhar?" - pergunta do toxicômano, embriagado pelo espetáculo, diante da expectativa de um resultado que todo mundo conhece antecipadamente: quem ganha é sempre o mais rico. À filosofia hegeliana do conflito entre senhor X escravo, Serres contrapõe um quadro de Goya, comentado no seu livro "Contrato Natural": "A cada golpe desferido, os combatentes afundam cada vez mais nas areias movediças. Joelhos, coxas, quadris, ombros... e a boca, amordaçada por uma pera da angústia, vai tentar cheia de areia pedir socorro... Naturalmente, nenhum dos dois conseguirá salvar-se da densidade rígida do afundamento".

A inclusão desse terceiro elemento (Hegel, afastado do mundo, esquece de mencionar onde se desenrola o conflito), que Serres chama de Biogeia, o mundo dos elementos e dos seres vivos, mundo inclusivo, em que os homens dependem das coisas do mundo e estas dos homens, vai ser a característica da era do antropoceno. Aqui predominam as técnicas suaves, atos em escala informática, que, em outras épocas, propiciaram a revolução da escrita e da imprensa: ao invés de bombas nucleares, traços, marcas, signos, códigos, sentido – conjunto de conhecimentos, tecnologias e práticas relacionados mais à partilha do que à vontade de poder, propiciando, de fato, a revolução dos comportamentos, das instituições e do Poder.

O acesso universal aos dados e à intervenção livre, participando de decisões, sugerem uma espécie de igualdade, a que a aristocracia vai sempre resistir. O que fundamenta o Poder é possuir uma informação não interativa e assimétrica – é a retenção da informação que está na base da hierarquia. A defasagem entre a bolsa de valores e a economia real é a mesma defasagem entre o circo político midiático e o estado evolutivo das pessoas e da sociedade: defasagem que expressa a grande crise do mundo, que é justamente o não reconhecimento do real contemporâneo e suas rupturas – essa terá sido a maior traição dos intelectuais.

O horror à contradição

Quando me deparei com o texto de Marilena Chauí, "Comunicação e Democracia", publicado na Revista de Comunicação da FAPCOM - volume 1, nº 2 - 2º semestre de 2017, pude constatar que estava diante de uma opinião pública, no seu sentido mais rigoroso, enquanto expressão, no espaço público, de uma reflexão sobre questão controvertida e concernente ao interesse ou ao direito de uma classe social, de um grupo, ou mesmo de uma maioria. Opinião pública que eu também não deixei de expressar, em tantos anos de redes sociais, a respeito do nosso jornalismo musical. Sobre esse novo contexto de rede, no entanto, se requer mãos leves, suavidade analítica pra entender que narcisismo e opinião pública podem estar lado a lado. Sobre o novo contexto de redes, não se poderá dispensar a contribuição valiosa do senso comum, sob o risco de perdermos de vista a singularidade do concreto em favor dos tipos ideais e suas relações de poder.

No texto claro e rigoroso de Marilena Chauí, sem muito frufru pós-modernista, e sempre atento à diferença entre a concepção liberal de democracia e o seu sentido social, a liberdade não deveria estar limitada à livre-iniciativa, esta entendida como ausência de obstáculos à competição econômica e política - compreender a liberdade dessa forma seria dar a ela uma definição meramente negativa: "ausência de obstáculos". Se todos são iguais perante a lei, o são, sobretudo, porque são seus autores. Todos têm o direito de expor suas opiniões e vê-las aceitas ou recusadas em público. É esse princípio de isegoria que dá à liberdade uma definição positiva: capacidade dos sujeitos sociais e políticos de darem a si mesmos suas próprias normas e regras de ação, inclusive criarem novos direitos enquanto novos sujeitos políticos.

A consequência dessa concepção social é a democracia aberta a mudanças, no sentido de uma sociedade verdadeiramente histórica, alterando-se pela própria práxis. Com isso, os conflitos deixam de tomar a forma momentânea de oposição ou competição política (o vencedor seria garantido pela lei, enquanto a ordem conteria os conflitos sociais) e passam a ter uma forma permanente - uma sociedade democrática buscaria mediações institucionais para que o conflito, enquanto legítimo e necessário, possa se exprimir. Ao se valorizar o aspecto permanente do conflito, evidencia-se uma diferença fundamental entre Poder e governo: não é o governo que tem o poder - este está sempre vazio e o seu detentor é a sociedade que, ao eleger o governante, afirma-se soberana para escolher o ocupante - nesse sentido, eleger o governante é exercer o poder e dar temporariamente a alguém aquilo que só ela possui.

As eleições livres não seriam, portanto, o único aspecto de uma sociedade democrática. Se assim fosse, novos direitos não seriam criados e nem seria sublinhada a atividade democrática enquanto contrapoder social, que determina, dirige, controla e modifica a ação estatal e o poder dos governantes.

Esse preâmbulo serve pra entrarmos no tema dos meios de comunicação, numa sociedade reconhecidamente autoritária como a nossa, cuja herança colonial escravista acabou por fazer espalhar a estrutura hierárquica familiar pro resto da sociedade. Cabe pensarmos aqui o Estado, que, além de patrimonialista e cartorial, funciona com uma lógica clientelista (a troca de favores entre quem detém o poder e quem vota) e com uma lógica burocrática (forma de poder com regulamentos fixos, rotina e uma hierarquia com linhas de autoridade e responsabilidade bem demarcadas – aqui, o segredo é fundamental e vai na direção contrária ao direito à informação).

Numa sociedade hierárquica como a nossa, o neoliberalismo cai como uma luva. Porque é um sistema que, do ponto de vista econômico, transforma os investimentos públicos destinados aos direitos sociais, em serviços – isto é, destina fundos públicos aos investimentos privados do capital. E do ponto de vista político, submete a política ao marketing, transformando a discussão sobre leis, projetos e programas de governo em produto, com o qual o eleitor, enquanto consumidor, poderá se identificar ou não (é fazer da figura do político e da figura do cidadão pessoas privadas, o que não deixa de ser outra forma de privatização do espaço público). Marilena Chauí destaca também outra característica do neoliberalismo: a transformação da política numa questão técnica – o cidadão reduziria sua participação política ao momento da eleição, já que, enquanto cidadão comum, ele não é especialista, ele não tem competência técnica (essa seria uma outra forma de encolhimento do espaço público, em que o sentido de ocultação passa a tomar a forma geral: com a questão técnica, oculta-se a luta de classes, oculta-se a ação dos movimentos sociais, oculta-se o papel dos conflitos, oculta-se a divergência entre forças políticas e ocultam-se os obstáculos à concretização de programas e projetos políticos pelo poder da estrutura jurídica e burocrática do Estado). Transformar a política numa questão técnica é bloquear um direito democrático fundamental, que é o direito à informação, sem a qual a cidadania (a participação social, política e cultural) é impossível.

O exercício do poder pelos meios de comunicação, segundo Marilena Chauí, se dá fora de um contexto democrático.

Pela perspectiva econômica, os meios de comunicação fazem parte da indústria cultural; eles são parte constitutiva da acumulação e da reprodução capitalista porque são empresas privadas operando no mercado, muitas delas, inclusive, sem vínculo histórico com a comunicação, vindo a adquirir jornais, revistas, serviços de telefonia..., tamanha a perspectiva de lucro (a questão do papel não é relevante nesse artigo de Marilena Chauí, reforçando o que foi colocado no início deste meu trabalho: a camisa de força dos tipos ideais - o enxugamento da Abril Cultural, por exemplo, é um sintoma dessa crise que já se faz presente há um bom tempo). Chama atenção que muitos desses meios de comunicação são companhias globais, atuando através de fusões e constituindo oligopólios que beiram a monopólios. Por fim, a forma oligárquica do poder de Estado, isto é, sendo exercido por um pequeno grupo, levaria à forma privatizada de concessões públicas, concedidas a parlamentares, por exemplo, que, a princípio, deveriam fiscalizar as referidas concessões e acabam se tornando concessionários privados.

Quanto ao poder político, isto é, o poder ideológico dos meios de comunicação, a mídia o exerceria sob a forma da ideologia da competência (novamente a questão técnica), isto é, sob a forma anônima e impessoal do discurso do conhecimento, cuja eficácia está fundada na crença na racionalidade técnico-científica. Nesse sentido, o formador de opinião, que tem o poder de fala, explica, interpreta, devassa, julga para aquele que é desprovido de saber e, portanto, é incompetente (tenho minhas dúvidas se em tempos de redes sociais essas diferenças assimétricas são tão marcantes quanto na imprensa televisiva e escrita; de qualquer maneira, não há como desconhecer a manipulação e a intimidação social e cultural do formador de opinião, condenando sumariamente, e tendo como instrumento psicológico a suspeição, tal como na época do terror durante a revolução francesa, sendo que a presunção de inocência e a retratação pública dos atingidos por danos físicos, psíquicos e morais são direitos constitucionais democráticos).

    Forma não é conteúdo no discurso do senso comum, ao contrário da experiência poética. Daí porque uma notícia há de ser localizada no espaço e no tempo. E as referências concretas do espaço e do tempo são as condições materiais, econômicas, sociais, políticas e históricas dos acontecimentos. A desinformação é justamente a consequência dos meios de comunicação: é quando a tela ou o aparelho de rádio tornam-se o único espaço do real, já que não temos recursos para avaliar a realidade e a veracidade das imagens ou palavras transmitidas. Diante de um jornal televisivo, por exemplo, nos encontramos frente a acontecimentos sem causas e sem efeitos futuros – existem apenas enquanto objeto de transmissão, acontecimentos enquanto espetáculo. Terminado o noticiário, esquecemos tudo. Também as distâncias, proximidades, as diferenças geográficas e territoriais dos acontecimentos passam a ser ignoradas. Há, portanto, nos meios de comunicação, um apagamento das referências espaciais e temporais. E isso, segundo Marilena Chauí, será um procedimento deliberado de controle social, político e cultural. Se esse processo está presente na imprensa escrita, no rádio e na TV, na internet ou no sistema multimídia será potencializado, com a encenação e a mescla de conteúdos indiscerníveis, já que fornecidos por um único meio. A cultura virtual faz das imagens a própria experiência.

A questão da comunicação se tornou tão importante que, hoje, a força e o poder capitalista estão ligados ao monopólio dos conhecimentos e da informação. Ao contrário de revoluções tecnológicas anteriores, em que havia uma diferença clara entre pesquisa científica teórica e ciência aplicada, esta última compreendida como o emprego da pesquisa por tecnologias vinculadas à produção econômica, hoje em dia não existe mais essa diferença: a ciência tornou-se força produtiva (não é mais um suporte pro capital, mas agente de acumulação e reprodução). Os pensadores se tornaram agentes econômicos diretos. Hoje em dia, a questão do poder está ligada a quem detém o controle da massa de informações, quem detém a concentração e a centralização da informação. A definição do ambiente regulador é o que mais tem provocado litígios entre empresas, partidos políticos e legisladores.

Entre os efeitos sociais e culturais da multimídia, além da centralidade da casa (aumentou-se o tempo passado no interior das residências, já que compras, pagamentos e várias modalidades de trabalho podem ser executadas sem ir à rua) e de um maior individualismo (o mundo audiovisual apartado das outras pessoas através dos fones de ouvido, as refeições solitárias em razão dos micro-ondas e as conversas solitárias no isolamento do quarto através de celulares e micros – cada membro da família organizando seu próprio espaço e seu próprio tempo), chama a atenção também o crescimento da estratificação entre os usuários: o acesso à multimídia, com capacidade de ação seletiva e interativa, vai depender das condições econômicas (o tempo livre é um exemplo) e das condições educacionais e culturais (se requer um conhecimento geral básico para buscar informações e formas de interação entre elas). Não é de se estranhar, portanto, a quantidade de usuários que apenas recebem pacotes enviados pelo emissor. A história recente da política brasileira documenta esse fato.

Ao falar de internet e democracia no último tópico do artigo, Marilena Chauí configura o texto para uma perigosa divisão entre ser e aparência: a internet aparece como uma comunicação tecnológica e universal entre as consciências, mas é uma nebulosa informacional fechada e secreta; aparece como um ambiente universal de informação e comunicação globalmente uniforme, capaz de trazer proveitos cognitivos, sociais, artísticos, políticos, porém, é uma estratégia econômica, mantendo invisível a infraestrutura em que nasce, como ocorre com todas as esferas da sociedade capitalista; parece permitir aos grupos e indivíduos se apropriarem de seu ambiente econômico, social, cultural e político, porém, tudo se passa aqui e agora com uma nova subjetividade e sociabilidade desligadas do espaço e do tempo. Essa contradição incomoda, perturba uma espécie de retórica da esquerda: a internet assegura a produção e a circulação livre da informação, promovendo acontecimentos políticos numa espécie de afirmação da cidadania; no entanto, os usuários não possuem o domínio tecnológico da ferramenta que utilizam, não detendo qualquer poder sobre ela (o monopólio das informações permanece na mão das empresas de comunicação de massa).

Sob o aspecto criativo e anárquico das redes sociais, paira a tenebrosa sombra do controle e da vigilância de seus usuários em escala planetária. A contradição é tão insuportável pra esse tipo de retórica que a singularidade é transformada em aparência.

Os possíveis sentidos do virtual

No texto anterior trouxemos a análise de Marilena Chauí sobre os meios de comunicação. E pudemos perceber que para a filósofa, a internet apresenta uma contradição que é própria da ideologia, entendida como um mascaramento da realidade social, um encobrimento das relações de poder e a exploração por meios de artifícios de caráter simbólico.

Dessa forma, fica muito claro quando Marilena diz: ao mesmo tempo que a internet assegura a produção e a circulação livre da informação, promovendo, inclusive, acontecimentos políticos de afirmação do direito à participação, os usuários não detêm qualquer poder sobre a ferramenta empregada, o monopólio da informação permanece nas mãos das empresas de comunicação de massa e, não obstante o aspecto criativo e anárquico das redes sociais, há um controle e vigilância sobre seus usuários em escala planetária, isto é, sobre toda a massa de informação do planeta (a gerência da internet é feita por uma empresa americana em articulação com o Departamento de Comércio dos EUA).

Essa contradição seria própria da ideologia. O horror à contradição, que é o título do meu texto anterior, é o horror à ideologia, que mascara as relações de poder e nos explora por meio de artifícios simbólicos. Nesse sentido, de forma bem racionalista e sistemática, em coerência com metanarrativas, o texto de Marilena Chauí, "Comunicação e Democracia", demonstra claramente que há uma substituição de parâmetros baseados na experiência vivida em função de um sistema normativo de crenças, capaz de justificar erros, acontecimentos singulares, exceções, em nome de crenças mais abstratas. O horror à contradição é a impossibilidade de sacrificar a coerência.

Não fica difícil perceber como Marilena compreende o virtual. E aqui entramos no tema de hoje. Antes mesmo do sistema multimídia, que, segundo Marilena, apenas vai potencializar esse processo, isto é, sem introduzir nenhuma diferença significativa, os meios de comunicação expressam: a) a ausência de referência espacial (a tela da TV, o aparelho de rádio, a folha de jornal tornam-se o único espaço real - distâncias, proximidades, diferenças geográficas e territoriais passam a ser ignoradas); b) a ausência de referência temporal (os acontecimentos não têm continuidade no tempo, são acontecimentos sem causas e sem efeitos futuros - existem enquanto espetáculo, permanecendo nos espectadores enquanto permanecer o espetáculo de sua transmissão).

Ora, há uma absoluta separação, nessa perspectiva, entre o mundo real e o mundo virtual. É bem sintomática essa observação de Marilena: "a realidade é captada totalmente imersa em uma composição de imagens virtuais no mundo do faz de conta, no qual as aparências não apenas se encontram na tela comunicadora da experiência, mas se transformam em experiência". Não fica difícil de perceber que o virtual, para Marilena Chauí, é o mundo do faz de conta, o mundo da aparência, que não tem mais nenhuma relação com o real.

Mas há controvérsias, como diria o senso comum. E como há.

Pierre Levy, em seu livro "O que é virtual?", de 1995, apresenta um outro sentido para o conceito de virtual, que não terá nenhuma relação com a forma apresentada por Marilena Chauí. Para Pierre Levy, o virtual é complementar ao real e, o que Marilena chama de mundo real, seria para Levy o mundo atual. Dessa forma, se, para o senso comum, o virtual é uma irrealidade, uma ficção (é o que depreendemos do texto de Marilena), para Levy o virtual é uma potência que eclode numa atualização. Esse é o sentido filosófico do virtual e que o faz pertencer à dimensão da realidade.

Entendido como um conceito de potência, o virtual, para Levy, pelo menos inicialmente, é um campo de forças e de problemas que tende a resolver-se em uma atualização. Em outras palavras, o que constitui o campo do real é o virtual e o atual, considerados em suas diferenças. Poderia se pensar numa diferença entre o real e o possível, conforme Deleuze. Mas a virtualização não é uma desrealização, não é a transformação de uma entidade num conjunto de possíveis, mas uma mutação de identidade, um deslocamento do centro de gravidade ontológico do objeto considerado - em vez de se definir por sua atualidade (uma solução), a entidade passa a encontrar sua consistência essencial num campo problemático.

A outra forma de pensar o virtual para Pierre Levy, nesse primeiro momento, isto é, no livro "O que é o Virtual?", de 1995, é como desterritorialização parcial em relação ao atual (a desterritorialização total seria do âmbito do acontecimento ou do processo). A ubiqüidade, a simultaneidade, a distribuição irradiada ou massivamente paralela, o momento presente, a dimensão global, a interconexão e a sincronização seriam elementos do virtual, pensado como informação, isto é, com forma, estrutura e propriedades.

Nesse caso, a informação jamais se separa do seu suporte material e interpretá-la e ligá-la a outras informações faz parte desse segundo aspecto do virtual. Por fim, o terceiro aspecto, para Pierre Levy, nesse primeiro momento, representado pelo livro "O que é o virtual?", seria o fato de o virtual ser replicável através de cópia ou impressão.

O que marca esse primeiro momento de análise do virtual, para Pierre Levy, será, portanto, um conceito amplo, que é o seu sentido filosófico e o fato de que mudanças culturais podem ser feitas a partir dos processos de virtualização, compreendidos num sentido antropológico. Oriundo de um modelo medieval - gramática, dialética e retórica - (a gramática separando os elementos não significantes para recombiná-los de forma ilimitada, tal como na digitalização; a dialética enquanto substituição dos elementos, mas sempre referindo-se ao real, tal como em "andar"/"rodar"; a retórica enquanto significação e substituições separadas das referências, o que vai acabar fundando o virtual - "o ato retórico, que diz respeito à essência do virtual, coloca questões, dispõe tensões e propõe finalidades: ele as põe em cena, as põe em jogo no processo vital. A invenção suprema é a de um problema, a abertura de um vazio no meio do real", cfe "O que é o virtual?"), o virtual, em Levy, estará sob a égide da significação.

Já em "Cibernética", publicado em 1997, além do sentido comum e do sentido filosófico, Pierre Levy introduz um novo sentido para o virtual: o tecnológico. Aqui, ele subdivide em três grupos o sentido tecnológico do virtual: 1) o sentido tecnológico estrito, que é o sentido mais forte na escada geral da virtualidade, e que é a simulação da realidade, uma simulação interativa, na qual o explorador tem a sensação física de estar imerso na situação definida pelo banco de dados (ex: simuladores de combate); 2) o virtual é uma espécie de mapa da realidade sem ter a necessidade de ser tridimensional, quando o explorador controla diretamente um representante de si, através de uma navegação por proximidade: o explorador controla seu acesso a um imenso banco de dados, de acordo com princípios e reflexões mentais análogos aos que o fazem controlar o acesso a seu ambiente físico imediato (ex: videogames); 3) quando a virtualidade é resultante da digitalização de informação, sendo essa modalidade o sentido mais fraco de virtual sob o prisma tecnológico – nessa modalidade, uma imagem é virtual se sua origem for uma descrição digital em uma memória de computador (lembrando que, aqui, a imagem só é virtual na memória do computador, enquanto que na tela ela se torna atual).

Cleyton Leandro Galvão, em seu artigo "O sentidos do termo virtual em Pierre Levy" publicado em LOGEION – Filosofia da Informação, de 2016, v.3 n.1, tenta demonstrar o quanto Levy, em sua acepção filosófica do virtual, ainda se mantém preso a uma concepção medieval em que tudo seria restrito a significações – elas estariam separadas das referências, fazendo da retórica a fundação do virtual, ao colocar questões e abrir um vazio no meio do real. Nesse sentido, para Levy, o virtual se dá via semântica.

Tanto um texto de Platão quanto os elementos digitais inseridos num simulador de guerra seriam virtuais, desterritorializados. Por isso, lemos o texto ou interagimos com o simulador, e quando assim o fazemos, os atualizamos: o virtual deixa de ser virtual assim que surge a presença humana, tornando-se ato. Essa fugacidade do virtual, segundo Cleyton Leandro Galvão, é proveniente de uma concepção medieval (gramática, dialética e retórica), que trata o virtual como uma espécie de não ser.

O fato é que as meras palavras no papel não seriam interativas, plásticas, fluidas, tratáveis em tempo real – tais características atribuíveis ao virtual só teriam sentido com a digitalização da informação. Em outras palavras, o caráter virtual da informação é dado pela codificação digital. Tanto Marilena Chauí quanto Pierre Levi, ainda que o virtual para ambos não seja a mesma coisa, tendem a achar que a digitalização apenas intensificou um processo, quando na verdade a digitalização instaurou uma nova ordem.

Além de ter condicionado o caráter plástico, fluido, calculável, hipertextual e interativo da informação, a digitalização permitiu que os elementos simulados continuassem virtuais durante a interação, ao contrário do que pensa Levy. E isso nos remete a Deleuze quando ele entende o virtual coexistindo e acompanhando o atual no seu desdobrar-se, não sendo eliminado no advento da atualidade.

Ainda assim, em comparação com o texto de Marilena Chauí, há um avanço na concepção de virtual por Pierre Levy: não é o mundo do faz de conta; trata-se do Real, produzindo efeitos no mundo e sendo um fator condicionante de mudanças sociais.

A crítica atribuída a Levy, que o texto de Cleyton Leandro Galvão expressa com clareza, é sua tendência ao virtual via semântica, quando sabemos que a interatividade, principal aspecto do virtual e que dá a ele o seu sentido mais forte, só é possível de ser obtida pela via digital. O que se propõe, de fato, é explicar o virtual pelo digital e não pela semântica.

Subjetividade sem nome

Para entendermos o sentido de uma produção biopolítica, decorrente da metamorfose do trabalho, é necessário que analisemos algumas categorias, entre as quais se destaca a do trabalho imaterial. Uma das condições do pós-moderno, o trabalho imaterial tende a sair das tradicionais fábricas e se espalhar pelas redes sociais de circulação e reprodução.

Além disso, é uma recomposição do trabalho material de execução com o trabalho intelectual de concepção. Imaterial porque passa a ser produtor direto de valor. Na metáfora da colmeia, a produção do excedente de mel gera renda; já o que gera valor é a multidão de abelhas ou singularidades que cooperam entre si mantendo-se como tais na atividade de polinização – daí ser esta uma atividade sem fim, onde a felicidade ou o amor é um indicador de valor enquanto construção de sentido ou construção de mundo.

Já a dimensão biopolítica desse trabalho imaterial é a cooperação que vai produzir a vida a partir da vida: a produção diz respeito à vida e se torna geração. É nesse sentido que a reprodução, terreno tradicional de geração da vida, torna-se produção. O trabalho numa metrópole contemporânea passa por um devir-mulher.

A nossa querida travesti está novamente diante do espelho. Tem ao seu lado um arsenal de cosméticos que são como metáforas. Essa noite o seu modelo é a "subjetividade sem nome", de Giuseppe Cocco e Marcio Tascheto. O problema é que por mais que ela utilize as mesmas metáforas, na sua pele estas tomam uma nova e surpreendente configuração. Ela tenta reproduzir o modelo. E por mais que ela o repita, o processo está fadado a dar errado. Repetir é trair.

A questão da heterotopia numa cidade contemporânea vem do desaparecimento do fora – isso nos remete tanto a Foucault quanto a Agamben. O capital tenta responder a essa dispersão multitudinária de tantos ritmos e movimentos num mesmo espaço através de um modelo flexível, difuso, comunicativo e cognitivo do capitalismo em rede e financeiro.

E por mais que esse capitalismo pós-fordista capture os fluxos de uma velocidade que lhe escapa, construindo processos de subjetivação que alimentam uma circulação cada vez mais sitiada, ainda assim não consegue conter a profusão de novas formas de vida que não param de nascer entre a desterritorialização e a reterritorialização. A luta não se dá mais nas fronteiras territoriais: agora é dentro das metrópoles ou das subjetividades.

Ela volta a olhar o modelo e fica surpresa com o que vê: as metáforas deleuzianas se chocam com as referências contidas no modelo, o que acaba produzindo uma certa monstruosidade. O que Simone Weil, Hannah Arendt ou mesmo Merleau Ponty têm a ver com essas metáforas?

Sobre o levante do trabalho metropolitano, que é como os autores identificam o levante de junho de 2013, são identificadas quatro linhas de narração em disputa, ainda que, segundo o texto, o mais importante não foram as narrativas desencadeadas. A história que interessa, conforme Hanna Arendt, é sempre a ação livre. Trata-se de compreender o infinito presente de junho, uma vez que o seu potencial de lutas não é esgotado no espaço temporal de um mês ou um dia. O seu caráter virtual está no fato do atual só poder ser compreendido com a chave de junho, mas esse atual não opaciza a reserva de inatual que caracteriza junho.

Elencando as narrativas, temos em primeiro lugar aquela interna a junho como evento radical e irrepresentável que levou a multidão ao deserto, o que nos remete a Bruno Cava e aos próprios autores do texto em questão. A outra narrativa a respeito de junho de 2013, o identifica como primeiro momento das mobilizações, que continuaria em 2015 e 2016, após a reeleição de Dilma Roussef, conseguindo por fim o seu impeachment.

A terceira narrativa sobre junho de 2013, originária da esquerda de poder, e que tem em Haddad um dos seus principais representantes, nega junho, identificando-o como uma operação para desequilibrar um governo progressista, operação essa orquestrada por forças mais ou menos ocultas. Por fim, a mais insidiosa das narrativas sobre junho de 2013 seria aquela cujo dispositivo é interno a uma das dinâmicas do movimento, sendo fundamental para a paz total de junho, conforme Paulo Arantes: mobiliza todo arsenal conceitual da diferença e até da antropofagia política para apreender junho em sua potência e fazer dele algo que cabe dentro da defesa da esquerda como ideia abstrata e do PT como realidade específica dessa esquerda – além disso, o movimento é usado para fundamentar o voto crítico em 2014 e contra o golpe parlamentar que, segundo os autores do referido texto, não existiu. Esse último tipo de narrativa, para Cocco e Taschetto, construiria muros dentro da subjetividade.

Para ilustrar essa última narrativa, Cocco e Taschetto escolhem como "cristo" Peter Pál Pelbart, que viria a escrever em 19/07/2013, para a Folha de São Paulo, o artigo "Anota aí, eu sou ninguém", título tirado da declaração de uma manifestante à imprensa, que perguntava sobre seu nome e sobre sua identificação política.

Não se sabe, na verdade, se a manifestante disse "eu não sou ninguém", forma comum da expressão, ou se de fato falou exatamente como Odisseu contra o monstro Polifemo: eu sou ninguém. Mas Cocco e Taschetto lembram que, como leitor de Agamben, Pal Pelbart identifica na manifestante a mesma astúcia de Odisseu (não podemos esquecer a figura do "muçulmano" no campo de concentração, conforme nos lembra Agamben em Homo Sacer): a dessubjetivação é uma condição para a política hoje – os poderes não sabem o que fazer com a singularidade qualquer, com aqueles que mal têm o nome.

O que marca a diferença do texto em referência com o que Pal Pelbart escreve em seu artigo expressaria uma espécie de luta na subjetividade, e que não deixa de ser representado por duas narrativas específicas: a narrativa interna a junho e a narrativa "insidiosa que contribuiu para a paz total". Se a palavra "ninguém", em italiano "nessuno", vem de "ne ipse uno", a negação do uno pode tomar dois caminhos: ou a radicalidade do evento é marcada pela sua impotência a ponto de recusar todo tipo de subjetivação, ou a negação do uno pode ser, ao contrário, a afirmação da multiplicidade (eu não sou ninguém enquanto multiplicidade) – mais tarde os autores vão conectar essa possibilidade ao sentido de máscaras usado por Hannah Arendt.

Já em francês, "ninguém" é "personne", que, além de "ninguém", pode também ser entendido como pessoa. Ora, aqui, a negação do uno pode ser uma maneira de reafirmar o uno e com ele a persona. Em outras palavras, a negação da subjetividade não deixa de ser uma subjetividade. A luta, portanto, se dá entre dois possíveis sentidos de "ninguém": enquanto multiplicidade e enquanto uma subjetividade. O sentido de "infiltração", que Cocco e Tascheto identificam no texto de Pál Pelbart, faz ressoá-lo com o sentido de "personne" enquanto "alguém".

Dentro de um movimento espontâneo, horizontal e sem nome, como foi junho de 2013, Pál Pelbart destacaria o MPL como se apartando do que lhe soaria como uma infiltração indevida. Quando um qualquer decide que um outro é alguém e infiltrado, já estamos no mesmo mecanismo dos dispositivos que se lançam sobre os manifestantes com o objetivo de encaixá-los numa categoria. Os autores identificariam no artigo de Pál Pelbart os germes da restauração de junho.

Quando os autores lembram que em outubro de 2014 esqueceu-se a dessubjetivação e , vestindo a camisa vermelha, o grupo, identificado à narrativa de Pál Pelbart, participou de um manifestação da PUC- SP em apoio à Dilma, que reivindicava o mote governista da copa "não vai ter protesto", o artigo de Pál Pelbart se torna autoexplicativo.

A busca por Simone Weil, mais do que propriamente a crítica que a filósofa francesa, morta prematuramente, dirige à democracia formal e aos regimes totalitários, ao que me parece, tem por finalidade recuperar o conceito de impessoalidade, o homem em todas as suas dimensões. O que é mais importante, o que é sagrado? A pessoa humana ou o homem inteiro (seus braços, olhos, pensamentos... tudo)? Por exemplo: se fosse a pessoa humana sagrada, eu poderia furar seus olhos que ela continuaria sendo uma pessoa humana.

Mais importante que a ideologia dos direitos humanos que protege a pessoa humana seria a ideia de fazer o bem, da fuga penetrando no impessoal e da responsabilidade de proteger não a pessoa nos seres humanos, mas o que a pessoa contém de frágeis possibilidades de passagem no impessoal (lembrando aqui o quanto Simone Weil sublinhava a incapacidade dos países dos direitos humanos de resistirem à expansão do nazifascismo e de o quanto a pessoa é submetida à besta coletiva pois que o direito, por natureza, depende da força).

Há uma ressonância mística nessa fuga de Simone Weil, sem nenhuma relação com o Ecce Homo, que dá título ao capítulo, nem com a filosofia da diferença, cujas metáforas povoam o texto em questão. Para Simone, o brilho do espírito é mais importante que a força coletiva porque o caráter sagrado desta produziria a idolatria, característica do nazifascismo e do comunismo.

O modelo sugerido por Cocco e Tascheto é alternativo ao que propõe Agamben no seu livro "Homo Sacer", segundo o qual o sujeito moderno seria constituído pela máscara do teatro, a personalidade jurídica e a teologia uni-trinitária. A questão da ética, sob o influxo de Simone Weil, assume importância no modelo alternativo ao de Agamben porque deixa de estar ligada ao Poder enquanto potência de fazer o bem (operação do direito como uso da força). Para Weil, o bem que funda a justiça não é o bem que se faz, mas aquele que se espera.

Nesse sentido, a ética estaria ligada à impotência, à infelicidade. Daí porque o grito que brota das entranhas não teria nenhuma relação com a choradeira pelega das reivindicações, as quais se referem aos mesmos valores, porém, exigindo-se a distribuição igualitária. O que Weil sugere é a produção de novos valores, não ligados mais à personalidade jurídica: valores impessoais, tais como o amor e a justiça.

Quanto às mascaras do teatro, que desenvolveremos na segunda parte desse texto, tema que os autores irão abordar através de Hannah Arendt, o modelo alternativo, sob o influxo de Simone Weil, propõe a verdade, que estará ligada não mais ao *logos* platônico, como abstração e unidade, mas à vivência e à riqueza múltipla da experiência. Dessa forma, o quadro alternativo ao de Agamben seria o impessoal, a verdade e a multiplicidade da experiência.

Na segunda parte desse trabalho, retomo o texto de Cocco e Tascheto abordando a questão das máscaras em Hannah Arendt e o que Hugo Albuquerque vai chamar de "A ascensão selvagem da classe sem nome", classe essa entendida como uma composição oriunda do período lulista. A sugestão de um lulismo selvagem, que, de certa forma, o texto de Moysés Pinto Neto (Identidade de Esquerda ou Pragmatismo Radical?), já analisado aqui, também sugere com outras palavras, aponta na direção de um campo rico de possibilidades, no qual até mesmo junho de 2013 estaria inserido. A luta agora é dentro da subjetividade. Vamos a ela.

Lulismo selvagem

O texto de Giuseppe Cocco e Marcio Tascheto,"Eu (não) sou ninguém: a subjetividade sem nome", nos remete mais uma vez à cena 'Junho de 2013'. E o 'amor', ali posto, vai ocupar uma posição de destaque nesta segunda parte do nosso estudo, inclusive quando formos discutir sobre os agenciamentos com a 'classe sem nome'.

Para a escritora Simone Weil, o brilho da beleza sobre a infelicidade é espalhado pela luz do espírito de justiça e amor - o esplendor da beleza seria fruto do amor. E se para Agamben [o filósofo italiano Giorgio Agamben], o que funda o sujeito moderno é o direito, a pessoa e a democracia, para Weil é a justiça, a verdade e a beleza.

Dentro desse deslocamento em relação a Agamben, Coco e Tascheto vão trazer o caso Saint-Exupéry: mesmo consciente da inutilidade do combate - já que a França, naquele momento da segunda guerra, se encontrava derrotada - o sentimento de comunidade o levava a prosseguir, mesmo sabendo que poderia ser morto a qualquer momento.

Experimentava uma sensação de tranquilidade, que o fazia compartilhar do pão com os outros companheiros de combate, sentados à mesa, a convite do camponês, em cuja fazenda estava abrigada a esquadrilha - essa sensação de pertencer a uma comunidade, compartilhando os mesmos valores.

O amor seria essa rede de laços que faz o devir: o fermento de uma cultura e de uma civilização estaria na comunidade e no amor que a funda. A incapacidade dos países dos direitos humanos de resistirem à expansão do nazi-fascismo, como observa Simone Weil, seria decorrente para Cocco – como ele postula no artigo "Hélio Oiticica depois de Junho de 2013"- não de uma falta de resistência individual, mas da própria perda de referência cultural.

A própria democracia burguesa já seria produto desse mal: a perda do fermento de uma cultura, a perda dessa riqueza que se produz pela multiplicação de laços.

Para se entender a função das máscaras e como estas se articulam à frase "eu não sou ninguém", Cocco e Tascheto lembram Hanna Arendt quando ela identifica, na pessoa ou na persona, a máscara do ator ou o seu papel sobre a face pessoal do indivíduo.

Aliás, pro direito romano, a persona possui direitos cívicos, ao contrário do homo sacer. No entanto, são direitos específicos, reservados a ela não enquanto homem genérico, mas enquanto pessoa que tem um papel na vida social: os direitos se constituem não com base no reconhecimento genérico da humanidade, mas no papel atribuído ao homem.

A separação entre máscara (sujeito de direito) e corpo, ou entre pessoa e corpo, explica a separação entre papel social e condição humana. A questão seria: qual a crítica mais eficaz às relações de poder? Como quebrar o jogo das máscaras que a sociedade industrial embutiu sobre a sociedade burguesa ou colonial? Como quebrar o jogo do espetáculo do Poder? Como mudar essas máscaras? Como nomear a nomeação efetuada pelo Poder no sentido espinoziano? É através da vida nua, sem máscara? É através da ausência de direitos? Ou será que a impotência da subjetivação do "eu sou ninguém" acaba sendo transformada em alguém pelos dispositivos de poder?

A melhor forma de negar o nome e negar a máscara que lhe é atribuída é mudando de máscara: "eu não sou ninguém". É vestir máscaras de luta, como foram as de junho de 2013, colocadas pela multidão selvagem da classe sem nome.

E mesmo que as batalhas campais e o "Ocupa Câmara" em outubro de 2015, no Rio de Janeiro, tenham ativado o pacote da ilegalidade, levando à prisão duzentos manifestantes, quebrou-se mais tarde o jogo do espetáculo do poder, mudando-lhe as máscaras: entre 2016 e 2017, os membros do executivo e do legislativo, que implementariam as leis que criminalizavam os manifestantes, acabaram sendo presos ou conduzidos para interrogatório por corrupção e formação de quadrilha.

Talvez agora possamos entrar no que Cocco chama de "lulismo selvagem", mas de que, no texto sobre o qual nos debruçamos, fala-se muito *en passant*. Para melhor precisarmos a expressão, vamos nos reportar à palestra de Hugo Albuquerque, proferida em 06/09/2012, na Casa Rui Barbosa, ou seja, quase um ano antes do levante de junho de 2013.

"A ascensão de classe sem nome", título da palestra de Hugo Albuquerque, é, sobretudo, uma ascensão selvagem. "Sem nome" porque na insistência que se tenha um, acaba-se abarcando vários, o que também significa recusar a todos: classe c, nova classe média, subproletariado, consumitariado, proletário endinheirado, batalhadores, entre outros.

Ascensão selvagem porque ao invés de agir segundo o seu lugar, sabendo qual o seu lugar (no Brasil, os dois lugares fundamentais aos quais fomos relegados e que precisaríamos ter em mente para saber a qual deles pertencemos, segundo o modo prático dos universais, seriam a Casa Grande e a Senzala), a classe sem nome, que são fundamentalmente os pobres, foi, a partir de um determinado momento que chamaremos de lulismo, para espaços que não eram os seus por direito, mas passariam a ser de fato, como os aeroportos e o Facebook.

É que só pode ser submetido a uma ordem aquilo que, antes de mais nada, tenha um nome próprio que permita - a boca que ordena - circunscrever previamente sua capacidade de agir. Daí a recusa de um nome por parte dessa classe.

Na verdade, a questão de ter um nome, "multidão", "classe sem nome" ou seja qual for, não é o grande problema, ainda que, para a máquina paranoica de identificação, o nome seja uma forma de controle e domínio.

A grande questão é a alternativa ao dispositivo de poder. O anônimo não deverá ser confundido com o vazio do anonimato, isto é, com o seu sentido niilista, porque assim nem estaríamos propondo uma alternativa ao dispositivo de poder que acabaria nos nomeando, nem estaríamos fazendo justiça ao anônimo enquanto derivação de uma potência imensa, não sintetizável pela máquina de medir, que é a mesma da identificação. Potência imensa e, portanto, não niilista.

Ter um nome não é o problema. O importante é fugir do plano transcendental, da teologia política moderna, cujo hebraísmo faz do Pai nominante e inominável. Em outras palavras, a máquina paranoica de identificação também deve ter um nome, há que se nomear o próprio mecanismo de nomear, enunciar o processo de exploração, dar nome ao inominável como Espinoza fez o chamando de Deus ou Natureza.

O sentido de "sem nome", ao invés de falta de nome, expressa uma potência imensa capaz de produzir diferença. Os partícipes de uma multidão, de um tumulto ou de uma legião, fazem parte delas sendo eles próprios e todo mundo ao mesmo tempo, impedindo dessa forma a individuação enquanto forma de reduzir a diferença à regra do semelhante pelo mecanismo de autorização.

Da mesma forma, na revolução francesa, os "sans culottes" representam uma metonímia para a ausência de estatuto social: eles não são nem o velho regime nem o novo regime moderno e burguês. Mas eles existem. Há um famoso poema de Drummond que diz: "não há falta na ausência, a ausência é um estar em mim". Esse "sem" está em mim, isto é, está em si, livre de assujeitamento, enquanto potência capaz de produzir diferença, com uma capacidade de ação real, não de ação devida. É uma questão de poder, não de dever: realmente não devemos, mas podemos.

O que aconteceu no período Lula foi justamente essa potência que poderíamos chamar de "lulismo selvagem": a gestação da classe sem nome é oriunda desse momento. As proposições molares, à moda dos estatísticos, oriundas desse período, tais como o aumento do nível de emprego, do salário mínimo, da proporção da renda do trabalho na renda nacional, assim como os ganhos não laboriais, como os da Bolsa Família e dos Pontos de Cultura, poderiam ser operados dentro de uma rigidez e de uma imobilidade simbólica: cada um no seu lugar marchando pra frente.

Enfim, o que dá o caráter selvagem a esse período são as proposições moleculares: todos esses ganhos ocorriam dentro de um discurso que autorizava o pobre a desejar e, consequentemente, não se deixar sintetizar pela máquina do medir. O que acaba por transfigurar o espaço e o tempo, dando ao país uma experiência que nunca havia sido vivenciada antes: não é mais o discurso de ordem e progresso, próprio do positivismo, inserindo o país na modernidade, nem é o discurso de esperança, do país do futuro.

A experiência do lulismo selvagem é a experiência do isto-aqui-agora. Daí porque para Hugo Albuquerque, se Lula era muitas coisas, ele era Dilma também - já Dilma, ao contrário, era ela própria e nada mais. O objetivo de Dilma seria permitir, por meio da modernização, a continuidade do processo, com o tumulto se tornando missa civil, ordenada e pacífica, e com a classe sem nome destinada a tornar-se classe média, consolidando assim o país de classe média.

A classe sem nome não se identificaria exatamente com a pobreza porque seria um devir-excedente dos pobres, um devir desejante, não se identificando nem com o Brasil tradicional nem com a regra da classe média, seja ela a existente ou enquanto projeto de país. Daí porque é um monstro perseguido por todas as instâncias.

O próprio PT viria a se tornar o Dr. Frankenstein em desespero por ter autorizado essa criatura desejante, enquanto uma esquerda uspiana que flerta com a ontologia negativa (Vladimir Safatle) também o perseguiria por contrariar as regras postas, as determinações eternas e o estatuto do controle do desejo tal como compreendido.

As regras que a esquerda brasileira estipulou para fazer a revolução também seriam contrariadas por esse monstro desejante, que viria a ser perseguido por ela com tochas e arados, ao invés de tentar entendê-lo.

E a própria intelectualidade de esquerda acabou preferindo desistir do monstro em contraste com a resistência dele.

Todo esse não entendimento do monstro, segundo Hugo Albuquerque, parece estar centrado no estatuto da dialética "casa grande – senzala", em contraste com o devir desejante do monstro, que quer ser apenas amado.

O amor, como elemento para a constituição de trocas, seria o primeiro passo para o agenciamento com os pobres do devir-excedente, criando um vínculo empático e embarcando no devir social anônimo.

Isso foi realizado nos levantes de junho de 2013, como se o texto-palestra de Hugo Albuquerque, apresentado um ano antes, fosse uma espécie de potência.

Mas esse monstro foi também aprisionado pelo projeto modernizante de Dilma, através da economia da dívida e da expansão do mercado creditício ("sou endividado para procurar emprego e pagar o que devo" – uma forma de capturar a classe sem nome, remetendo-a para o futuro e eliminando o aqui-agora).

A esquerda, por sua vez, para falar em nome dos pobres, exige que esse pobres tenham um nome, o que a leva a um afastamento do monstro, fazendo com que este permaneça exposto à sedução de candidatos evangélicos e à captura por parte da direita, que não exclui quem quer que seja do processo sob o estatuto da dialética "casa grande-senzala" (não há lado de fora para o capitalismo cognitivo).

Todos esses termos, que recupero do texto-palestra de Hugo Albuquerque, foram atualizados pela política brasileira anos depois. Até mesmo o fenômeno Bolsonaro é fruto da captura, do aprisionamento do monstro. E se um poema de Drummond foi lembrado no texto-palestra, quando o poeta se referia à ausência presente, quero aqui terminar relembrando os versos finais de Clara Crocodilo:

*"Onde andará Clara Crocodilo?
Onde andará?
Será que ela está roubando algum supermercado?
Será que ela está assaltando algum banco?
será que ela está atrás da porta de seu quarto,
aguardando o momento oportuno para assassiná-lo com os
seus entes queridos?
Ou será que ela está adormecida em sua mente
esperando a ocasião propícia para despertar e descer até seu
coração,
ouvinte meu, meu Irmão?"*

Tradição crítica

A nossa travesti, nessa noite de calor no Rio de Janeiro, resolveu se produzir de maneira diferente. Sabe que pode gerar mal-entendidos com esse modelito que ela própria denominou de "tradição crítica brasileira", uma homenagem a Paulo Arantes. Ela vive o personagem. Só que são tantos que ficamos sem saber qual é a sua real identidade. Enquanto fica na espreita de um novo freguês, o seu espírito se descola do corpo e toma distanciamento. São esses os momentos mais emocionantes.

"Crise da Política Contemporânea no Brasil: Notas de um debate sobre o lulismo", é um artigo de dezembro de 2015, publicado na Revista Eletrônica de Ciência Política, v.6, n.2, 2015, cujos autores são Camila Massaro de Góes e Leonardo Octávio Berinelli de Brito, à época, mestre e doutorando, respectivamente, de Ciências Políticas pela USP.

O objeto do artigo (importante contextualizarmos que, quando escrito, ainda estávamos sob o governo de

Dilma Rousseff) é discutir as tensões presentes no capitalismo e na democracia brasileira ao longo dos governos Lula. Para isso, os autores se debruçam em torno dos pensamentos de André Singer e Francisco de Oliveira, tendo em vista que ambos refletiram intensamente sobre esse fenômeno original e inédito que chamaremos de lulismo (neste texto estaremos dando ênfase à perspectiva de Francisco de Oliveira; no seguinte, abordaremos as visões de André Singer sobre o lulismo).

Outro fato que deve ser considerado é o Centro de Estudo dos Direitos da Cidadania – CENEDIC – da USP, cuja liderança, num determinado momento, estava nas mãos de Francisco de Oliveira e, depois, passou a estar nas mãos de André Singer. De 2000 a 2005, no CENEDIC, um importante ensaio de Roberto Schwarz, de 1999, "Fim de Século", foi transformado em programa de pesquisa, capitaneado por Francisco de Oliveira.

O próprio sociólogo reconhece, num texto em homenagem a Schwarz, "Um crítico na periferia do capitalismo", o quanto foi importante o referido ensaio de Schwarz para o texto que Francisco de Oliveira publicaria em 2013, "O Ornitorrinco". A ideia básica é a de que, quando as classes dominantes brasileiras estão postas em situações novas, o tradicional não desaparece, mas muda de natureza. Se na ordem getulista a mescla de tradicional e moderno funciona como emblema nacional, determinando-se com clareza a exploração da força de trabalho - neste caso, a acumulação do capital utiliza o velho como suporte -, já na nova ordem neoliberal de FHC e Lula, muda-se a configuração: a sociedade passou a perder o controle sobre a determinação da exploração, o que dificulta sua contestação pela sociedade, enquanto a mundialização do capital retira a autonomia das decisões internas do país, com a burguesia nacional se tornando um simulacro.

É Brasil Ornitorrinco, segundo Francisco de Oliveira, indicando um aspecto comum das industrializações retardatárias, porque a inserção no processo de mundialização não se dá pela acumulação, nem pela redução das desigualdades, mas pelas transferências de patrimônio público, via privatizações. O que leva Schwarz, em "Prefácio a Francisco de Oliveira", que consta do livro "Martinha versus Lucrécia", de 2012, a dizer que o Brasil se define pelo que não é: pela condição subdesenvolvida, que já não se aplica, e pelo modelo de acumulação, que não alcança.

Em "Política numa era da indeterminação", de 2007, Francisco de Oliveira vai recorrer a um importante filósofo, Jacques Rancière, que define a política como dissenso, pautando os movimentos do adversário. Todavia, a resposta é a possibilidade de se conseguir sair do campo anteriormente demarcado, criando um novo campo, o que sugere aí um caráter de imprevisibilidade. Em contraposição à política, a polícia é a operação dos atores no campo inventado, carregando aí uma espécie de consenso e previsibilidade.

A capacidade hegemônica, dentro dessa perspectiva, conforme Gramsci, seria a produção conflitiva do consenso: a força de uma invenção se expressaria na capacidade de manter o adversário nos limites do campo criado pela proposta- resposta.

Ora, entre 1964 e 1990, havia a impressão de que vivíamos um período da invenção política, com a internalização de decisões e o espaço nacional pensado como centro. Mas incapaz de romper com o quadro estreito da polícia. Além do mais, à luz do que aconteceu depois, viria a se tornar evidente, para Francisco de Oliveira, que a difícil e laboriosa construção do que parecia ser uma nova sociabilidade mais civilizada era inconsistente. Mais ainda: a nova transparência era falsa.

Na segunda parte do livro, que analisa o período Collor como um divisor de águas, vai se sugerir uma espécie de regressão: ao invés de uma hegemonia burguesa que se alimentasse das virtudes cívicas do mercado, requer-se permanentemente a coerção estatal - na fórmula gramsciana de consenso + coerção, é a última que funda a Nova República, uma espécie de exceção, permanente schmittiana, vinculada ao esvaziamento da política, combinando gestão cotidiana e coerção renovada. Justo no momento em que se ampliam a participação da cidadania, como teriam nos indicado as eleições de 2002, é quando a política é mais esvaziada, segundo Francisco de Oliveira, fazendo da exceção a normalidade, ao ponto de nem a percebermos. O centro da teoria de Francisco de Oliveira indica, a partir de Collor, a falta de funcionamento da sociedade burguesa e, consequentemente, a falta da produção conflitiva do consenso, falta essa que se intensificaria nos governos de Lula.

"Momento Lênin" é um outro texto de Francisco de Oliveira que consta do mesmo livro "A Era da Indeterminação", de 2007. Compara-se aqui Lula e Lênin, esse último no contexto que precedeu à revolução russa, por ambos terem vivido uma estrutura política de indeterminação, gerada por um estado de exceção, categoria que também é trabalhada no texto anterior. Estado de exceção, com o esvaziamento da política e a incapacidade revolucionária da burguesia, associados à precocidade do movimento operário (as classes revolucionárias, como os operários e os camponeses na Rússia, não eram ainda constituídas, eram classes em devir e precisavam de uma brecha para realizar seu potencial).

Conforme Francisco de Oliveira, esse truncamento gerado por um capitalismo dinâmico e uma estrutura subdesenvolvida com classes sociais ainda não constituídas, gerando uma falência do sistema de poder, com a suspensão da relação classe (economia) e representação (política), teria aqui um sucedâneo em razão das desregulamentações de FHC e a globalização. A eleição de Lula, em 2002, lhe dava, em razão do carisma que granjeou junto ao PT (eram atores do movimento de reinvenção política desde o final da ditadura à redemocratização), a possibilidade de fazer a opção pelo experimento político que podia dar na revolução. Assim o fez Lênin, que teve a capacidade de hegemonia, pautando os movimentos do adversário e constituindo a direção moral da sociedade.

Mas Lula se absteve a esse avanço e optou por conduzir o país nos termos do subdesenvolvimento capitalista, anestesiando as demandas e efetuando o sequestro da sociedade organizada. Ao invés da hegemonia gramsciana, optou-se pelo populismo emergente, com a exclusão da classe trabalhadora da política. Ainda que a nova classe social instrumentalize o Estado, ela não é detentora de soberania, tendo que negociar com o capital financeiro os acessos aos fundos públicos. O estado de exceção continua permanente e o Estado mínimo é o da política, não da economia.

Em "Hegemonia às avessas", originalmente publicado na Revista Piauí em 2007, vindo a ser publicado pela Boitempo em 2010, dando nome ao livro, investe-se no conceito de hegemonia (às avessas) para designar o lulismo, enquanto fenômeno novo e nova dominação. Sob esse aspecto, o populismo não seria um bom termo, uma vez que é uma forma autoritária de dominação na transição da economia agrária para a economia urbano-industrial, mas que levou à inclusão da nova classe operária, desbalanceando a velha estrutura de poder e deslocando fortemente os latifundiários da base de dominação.

Sob esse aspecto, a vitória de Lula em 2006 é mais regressiva porque anula as esquerdas do país, cuja crítica ao governo passa a ser identificada com a crítica efetuada pela mídia. Por outro lado, a nova dominação lulista gere o capital dinheiro através dos administradores dos fundos de pensão, diferenciando-se também do patrimonialismo e do patriarcalismo.

Se, dos anos 60 a 90 do século passado, viveu-se a era da invenção, que é o conceito de política de Rancière, pautando os movimentos do adversário e impondo uma direção moral à sociedade brasileira em relação à resistência à ditadura, além de introduzir a pobreza e a desigualdade no primeiro plano da política, a vitória de Lula em

2006 lembra a liquidação do apartheid na África do Sul: as classes dominadas derrotam o apartheid e o governo oriundo dessa derrota se rende ao neoliberalismo.

Pois o Bolsa Família pode ser comparado à derrota do apartheid, que junto com a eleição de Lula parece ter desafiado os preconceitos de classe e as barreiras da desigualdade. Mas a partir daí a pobreza é funcionalizada, deixa de ocupar o primeiro plano da política. Há uma espécie de despolitização das questões da pobreza e da desigualdade que passam a ser problemas puramente administrativos. Daí porque, ao contrário dos anos 60 e 90, o lulismo efetua uma hegemonia às avessas.

Em "O Avesso do Avesso", publicado junto com o texto anterior, Lula teria radicalizado o descumprimento de um mandato que lhe foi conferido para reverter o desastre de FHC (manipulando o fetiche da moeda estável, FHC retirou do Estado brasileiro a capacidade de fazer política econômica). Enquanto que o mandato de Lula era carregado de expectativas intensamente reformistas como avanço na socialização da política, alargamento dos espaços de participação da grande massa popular nas decisões políticas, intensa redistribuição de renda e reforma política que desse fim ao patrimonialismo, o que se viu na prática estava muito longe disso.

E a justificativa que o lulismo dava a esse estado de coisas era a mesma de progressistas conservadores, como FHC, segundo o qual governar é ter uma ampla aliança no congresso – sem o qual o país seria ingovernável-, é fazer coalizão acima e à margem de definições ideológicas, e exercer um pragmatismo irrestrito.

Vale ainda, em referência a esse último texto, explicitar a diferença de Francisco de Oliveira em relação a Werneck Vianna, que, em seu livro "A revolução passiva: iberismo e americanismo no Brasil" desenvolve a ideia de revolução passiva de Gramsci (a modernização em compromisso com o passado), vindo a transformar essa ideia em sociologia política, no plano propositivo, como um novo modelo da esquerda em países de grandes reservas políticas e organizativas.

Francisco de Oliveira, no entanto, filia-se a uma outra tradição. Ao invés de o atraso governar o país, para o sociólogo, aqui prevalecem as modernizações, mesmo que com traços conservadores. Certamente uma releitura de "ideias fora do lugar".

A esperança

No meu texto anterior, "Tradição Crítica", tendo como referência o artigo de Camila Massaro de Góes e Leonardo Octávio Belinelli de Brito, denominado "Crise da Política Contemporânea no Brasil: notas de um debate sobre o lulismo", sublinhava o pensamento de Francisco de Oliveira.

Já neste texto, pretendo trazer à tona o pensamento de André Singer, tendo como referência o mesmo artigo, segundo o qual André e Francisco de Oliveira não comungam da mesma ideia em relação ao lulismo, ainda que suas perspectivas sejam complementares. Resta perguntarmos sobre as torções efetuadas no referido artigo em busca dessa complementaridade.

André Singer foi porta voz da Presidência da República no primeiro mandato do governo Lula. Havia, então, de sua parte, uma proximidade com as decisões tomadas nesse governo e o envolvimento direto com o que até então se imaginava um projeto para o país.

Sua primeira e principal característica na avaliação do lulismo está na perspectiva dos de baixo, a base de apoio do governo Lula, que teria sofrido do primeiro para o segundo mandato um realinhamento eleitoral.

Em Francisco de Oliveira a perspectiva era do alto, ou seja, tinha como referência os movimentos sociais e políticos dos que dominam (sob esse ângulo é que afirma, em "O Ornitorrinco", a convergência programática entre o PT e o PSDB sob o primeiro governo Lula, a ponto de este realizar o governo de FHC, radicalizando-o).

Já para André Singer ("Os Sentidos do Lulismo"), esse neoliberalismo do governo Lula seria mera aparência, já que a queda dos juros, o aumento do superávit primário, o aumento do salário mínimo e a expansão do crédito assim como dos programas sociais indicavam um projeto reformista, ainda que fraco, de construção de um Estado de Bem Estar Social.

Sob essa diferença de diagnósticos, haveria, conforme Camila de Góes e Leonardo Belinelli, uma base comum em Singer e Francisco de Oliveira: a avaliação sobre o caráter despolitizante do lulismo, que se refletia na mudança dos governos petistas em relação ao projeto original do partido.

De qualquer maneira, em seus dois textos, "As raízes sociais do lulismo" de 2009, e "A segunda alma do partido dos trabalhadores", de 2010, ambos incluídos no seu livro "Sentidos do Lulismo", de 2012, André Singer sublinharia o caráter ambíguo do lulismo: conservação e mudança, reprodução e superação, decepção e esperança, num mesmo movimento. Sua aposta principal surge em forma de pergunta logo na introdução do livro: "A inesperada trajetória do lulismo incidirá sobre contradições centrais do capitalismo brasileiro, abrindo caminho para colocá-las em patamar superior?

Em sua tese de doutorado, "Esquerda e Direita no Eleitorado Brasileiro", publicada em 2002, pela Edusp, tendo como base as eleições de 1989 e 1994, André destaca que a diferença entre os dois segmentos não estaria na mudança social que, porventura, fosse diferente. Ambos os segmentos clamavam pela busca da igualdade social. A diferença dividia-se ao longo de linhas ideológicas sobre como essas mudanças de mesmo teor deveriam ser alcançadas: para o eleitor da esquerda, deveria ser através de mobilização social e contestação da autoridade repressiva do Estado; para o eleitor da direita, essas mudanças só ocorreriam mediante um reforço da autoridade do Estado – os eleitores da direita teriam um apego à autoridade e à ordem.

Conforme Camila de Góes e Leonardo Belinelli, para Singer, as candidaturas Lula em 1989 e 1994 representariam esse sistema de crenças na mobilização social, enquanto que sua visão dos governos Lula e do lulismo, mais tarde, se caracterizaria pela afirmação da ordem.

A partir de 2003, a crise do mensalão e as políticas do governo no sentido de reduzir a miséria (combate à miséria) e a ativação do mercado interno sem confronto com o capital, acabaram por produzir um realinhamento eleitoral que se cristaliza em 2006, surgindo o lulismo (já as bases sociais de voto no PT em 2002 estariam mais ligadas à classe média e isso sofreria uma mudança).

A ideia, portanto, do lulismo está intrinsecamente ligada a uma nova base social, o subproletariado. Essas conversões de bloco de eleitores são capazes de determinar uma agenda de longo prazo, da qual nem a oposição consegue escapar, e que inclui adoção de medidas socioeconômicas que propiciariam tanto o crescimento econômico quanto a diminuição da desigualdade social.

Em contraposição ao que Francisco de Oliveira entendia como funcionalização dos aspectos arcaicos, em que a dimensão moderna do país (o sul) funcionaliza o arcaico (o norte), num estranho arranjo político em que os excluídos sustentam a exclusão, para Singer, Lula dinamiza a economia nordestina abrindo a possibilidade de modificar o próprio cerne social que faz o capitalismo brasileiro se reproduzir de maneira tão perversa – é a dimensão da esperança na perspectiva de Singer, com a qual pretendemos trabalhar.

Por mais que fossem pequenas mudanças frente a tão grandes expectativas, não deixaram de ter um grande impacto nos excluídos que sustentavam a exclusão (eu prefiro manter o verbo "sustentar" no passado, ainda que reconheça as atuais regressões fora do lulismo).

Outra chave para a mudança do cerne social, que representou o lulismo, foi o estímulo ao mercado interno (potencialmente grande pela quantidade da população, mas fraco em função dos níveis rebaixados de renda).

Por fim, a exportação de commodities numa conjuntura internacional favorável de reaquecimento da economia mundial, entre 2003 a 2007, permitindo aprofundar as medidas de combate à miséria (de qualquer maneira, conforme Singer, o lulismo não é um fenômeno da conjuntura externa como alguns economistas ortodoxos querem fazer crer: antes mesmo desse período virtuoso da economia mundial, o primeiro governo PT já fazia a opção de transferência de renda de parte do PIB para os mais pobres, aproveitando os cortes de gastos de pessoal e investimento).

O suporte material do lulismo foi, portanto, ainda no primeiro mandato, a conjuntura internacional, a virtude de apostar na redução da pobreza e a ativação do mercado interno. No segundo mandato, com os gastos em pessoal e investimentos retomados, tinha-se a imagem da prosperidade. Com a crise externa em 2008, a saída se deu pelo consumo em razão do aquecimento do mercado interno.

Se Camila de Góes e Leonardo Belinelli sublinham o sentido de matização, com o qual Singer procura dar conta do caráter contraditório do lulismo, por outro lado, tomando um distanciamento crítico em relação ao texto de Camila e Leonardo, podemos visualizar o quanto os autores, bem ao gosto de Francisco de Oliveira, procuram sublinhar o caráter contraditório do lulismo - o seu princípio de não confronto com o capital, como indicaria Singer, já seria para eles uma prova de distanciamento dessas políticas em relação às propostas, fundantes do partido, de auto-organização para a luta política de classes.

Segundo os autores, a ênfase de Singer à continuidade, e não às rupturas, das propostas do lulismo em relação às propostas fundantes do partido, permitiria a ele afirmar que o reformismo fraco não é o avesso do forte, como pensaria Francisco de Oliveira, mas sua diluição.

Mesmo abrindo mão da tributação das fortunas, da revisão das privatizações, da redução da jornada de trabalho, da desapropriação do latifundiário e da negociação de preços por meio de fóruns de cadeias produtivas, que eram plataformas das propostas fundantes do partido, ainda assim o sentido conservador do lulismo seria produto, segundo Singer, não de uma ruptura em relação a essas propostas, mas da lentidão na aplicação das reformas, mantendo o rumo geral delas.

Insistindo no modus operandi e não na velocidade, os autores vão explorar as brechas que o próprio Singer fornece, como o arranjo lulista que permite a ascensão do subproletariado ao proletariado, mas sem combater a desregulamentação do trabalho, uma vez que o lulismo não combate o capital – não permite que a precarização avance, mas também não a faz regredir.

Analisando os governos Lula e Dilma, Singer destaca porque o lulismo não seria um reformismo forte, isto é, não daria aos explorados as condições de domínio: porque a política arbitral do lulismo com o apoio do subproletariado é no sentido de equilibrar as classes fundamentais do capitalismo (capital financeiro e a burguesia industrial).

O lulismo só poderia resistir enquanto nenhuma dessas duas forças pudesse impor seu domínio sobre o outro – o que é uma situação típica do bonapartismo: desmobilização de classes com protagonismo de liderança, cedendo espaço ao mesmo tempo a diferentes lados da disputa e produzindo discursos variados, dependendo de quem os escuta.

As similaridades entre os cenários pré-64 e 2015 depõem a favor do que dizia FHC em seu livro "Empresário Industrial e Desenvolvimento Econômico no Brasil", de 1972, segundo o qual as inconsistências do projeto de hegemonia política da burguesia industrial levavam-na a contradições: "Para assegurar a expansão econômica e tentar o controle político do momento, arrisca-se a perder a hegemonia do futuro.

Por isso, volta-se imediatamente depois de qualquer passo adiante contra seus próprios interesses, recuando um pouco no presente para não perder tudo no futuro". Contradições também capturadas por Singer no seu estudo do lulismo: "Para a burguesia, o reformismo fraco representa um caminho possível, embora não o de sua preferência, para o desenvolvimento do capitalismo no país, sem que a sua posição esteja ameaçada".

Um texto, por mais isento que seja, respira sempre seu contexto. O que nos serviu de referência foi escrito em 2015, um momento tenso que acabou se desdobrando no processo de impeachment da presidenta Dilma - um período que levaria o próprio André Singer declarar que não era pra se ter muita esperança quanto ao papel da burguesia nacional - o que levaria seus autores, Camila de Góes e Leonardo Belinelli, a comentarem "Os Sentidos do Lulismo" com certo distanciamento, que o próprio André Singer parecia demonstrar alguns anos mais tarde (segundo os autores, o sinal de tensão frente aos arranjos do lulismo, que tanto podia ser visto como uma estratégia de mudança como também podia dar em capitulação política, se expressava na análise que Singer fazia, na época de "Os Sentidos do Lulismo", sobre a burguesia nacional, remontando a antigas esperanças).

A torção, a que aludo no início deste texto, faz referência ao artigo de Camila de Góes e Leonardo Belinelli, que viemos seguindo passo a passo. E que culmina na declaração de que resta pouca esperança (àquela altura) para que o PT possa responder às questões pontuadas para o presente, no tocante às contradições do capitalismo brasileiro.

Sob esse aspecto, o artigo respira um contexto de resistência ao lulismo. Seu distanciamento, em relação ao livro "Os Sentidos do Lulismo", terá a mesma dimensão do nosso em relação ao artigo, desdobrando a torção a que fazíamos referência no início deste texto. O que "Os Sentidos do Lulismo" deixam como legado, em contraposição à "hegemonia às avessas", é muito mais do que a constatação de um arranjo político contraditório: é a esperança de que esse processo de identificação do subproletariado com a plataforma política do lulismo possa ser retomado, reinaugurando uma nova organização política das forças subalternas.

A rebelião das massas

No livro "Ruptura - a crise da democracia liberal", Manuel Castells vai se debruçar sobre rebeliões ocorridas na segunda década deste século em alguns países ocidentais, mais especificamente nos EUA e "países da Europa": uma espécie de rejeição antissistêmica, diante da crise de legitimidade democrática, que será verificada inclusive no Brasil. Castells não estuda o caso brasileiro, mas seguindo sua narrativa nos damos conta de o quanto fomos afetados por esse estado de coisas.

Ainda que essas rebeliões tenham a especificidade de cada país, e por mais que algumas venham a produzir valores progressistas alternativos, elas apresentariam, segundo Castells, fatores comuns à ruptura do establishment, entre os quais se destacaria o discurso do medo diante das transformações, principalmente no mundo do trabalho, efetuadas pela globalização.

Os setores sociais mais vulneráveis reagiriam em torno dessas transformações e se mobilizariam em torno daqueles que diriam aquilo que o discurso das elites não lhes permitiria dizer. O fortalecimento das comunidades identitárias, diante do multiculturalismo e da globalização, estaria no rastro dessas rebeliões, podendo trazer no seu bojo muito do discurso xenófobo e racista. O antiestabilishment poderia conter, portanto, essas duas variáveis: retomada de valores originários, como raça (o discurso ancestral da etnia majoritária), família patriarcal, Deus (num futuro texto pretendo abordar o pensamento de Aleksandr Dugin), em que o Estado teria o centro da decisão e a nação seria uma espécie de comunidade cultural; ou retomada de valores progressistas alternativos e mesmo anárquicos, como no caso do lulismo selvagem, que teria o seu ápice nos movimentos de junho de 2013, após o qual receberia o choque de ordem.

Neste texto, e seguindo a narrativa de Castells, vamos estudar o caso americano, mais especificamente Trump. E ainda que Bolsonaro tenha as suas especificidades nacionais, vamos nos surpreender com os fatores comuns a ambos os governos.

Especulador imobiliário envolvido em negócios sujos, ignorante da política internacional, depreciativo da conservação do planeta, nacionalista radical, sexista, homofóbico e racista, nas prévias para a eleição americana seu nome sofria forte resistência do seu próprio partido republicano. Nada mais improvável que fosse ele o escolhido nas prévias, após as duas eleições anteriores terem sido ganhas por um presidente negro e progressista. O fato é que o sistema político em vigor silenciara vozes que esperavam o momento propício para voltar à superfície, vozes que não se sentiam representadas pelo establishment, vozes recalcadas. E o discurso de Trump, em sua campanha, agregou essa insatisfação popular: contra a imigração num mercado de trabalho cada vez mais restrito; contra a globalização, que era vista como a inimiga do povo (Trump responsabilizaria, inclusive, seus amigos financistas pela miséria do povo); contra a intervenção militar no mundo (para não desperdiçar vidas americanas em benefício de povos que não mereceriam apoio); e brandindo opiniões ofensivas sobre as mulheres (para algumas ferrenhas seguidoras, essas opiniões seriam minimizadas como brincadeiras, mas, para o machismo imperante em muitos setores, soariam como liberação masculina).

Contra esse isolamento econômico e político, antiestablishment, Hillary expressava a voz do mundo político e financeiro. Chama atenção o fato de que Bernie Sanders, que trazia a mobilização dos jovens e que representava o antiestablishment de esquerda, viria a ser sabotado pelo aparelho democrata – talvez pudesse ser outro o resultado eleitoral com Sanders como candidato, justo num momento político de colapso da ordem pública.

A campanha de Hillary se deu em moldes tradicionais, abrindo escritórios de campanha em cada estado, chegando a ter o dobro dos abertos por Trump, somando políticos à sua causa e arrecadando o dobro de Trump em valores. Chegou, inclusive, a vencer os debates na TV, mas isso pouco significou. Sou obrigado a me remeter ao caso brasileiro: Bolsonaro nem chegou a ir aos debates e muito pouco isso significou em termos eleitorais. No caso americano, Trump liderou o movimento com uma estratégia midiática sui generis, através de declarações escandalosas e polêmicas e com isso monopolizando a discussão, mesmo de forma negativa, e ganhando dessa forma o protagonismo na sociedade.

Notáveis também foram os erros de Hillary, seja em classificar de "deploráveis" o seguidores de Trump, que é justamente o que a elite pensa sobre as classes pouco instruídas, seja na grande quantidade de mensagens eletrônicas emitidas a partir de sua conta pessoal, quando era secretária de estado (o uso de e-mails pessoais em correspondências oficiais é terminantemente proibido), levando o diretor do FBI, James Comey, pouco antes das eleições, a reabrir investigação contra ela.

Se adicionarmos a essa mixórdia o fato de o governo russo vir a hackear os computadores do partido Democrata, facilitando informação ao genro de Trump (tanto lá como aqui a família é uma extensão do governo), e a atitude ambígua de Hillary quanto ao assassinato de negros pela polícia, o que refletiu em sua votação (negros e jovens não votaram nela na mesma proporção que em Obama), ficam estabelecidos os antecedentes de uma eleição não tão surpreendente assim: a concentração do apoio a Trump em estados estratégicos do Meio-Oeste (a zona industrial) e na Flórida, assim como sua superioridade total nas áreas rurais e nas pequenas cidades, das quais fazem parte os esquecidos do sistema, "os deploráveis", acenam na direção de sua vitória.

Ainda que possa ser interpretado o voto a Trump como o voto do ressentimento racial após os governos Obama (o voto democrata nas grandes cidades do Meio Oeste não pode compensar a onda do voto branco rural que é a América Profunda), ainda assim, segundo Castells, não se poderia dizer que a maioria dos que tenham votado em Trump fossem racistas. Ao invés disso, são pessoas atemorizadas pela rápida mudança econômica, tecnológica, étnica e cultural do país, tentando preservar um mundo que em certos momentos viam desaparecer. E nesse aspecto, não deixa de ser uma luta de classe: os mais instruídos e de maior nível econômico, representando Hillary; e os operários brancos, os pobres dos campos, que são justamente as duas áreas em crise, ao lado de Trump.

É por isso que Manuel Castells distingue a direita alternativa (all-right), formada por grupos racistas, neonazistas e antissemitas, acolhidos por meios de comunicação xenófobos, tais como o "Breitbart News", cujo diretor executivo era Steve Banon, que veio a dirigir a última fase da campanha de Trump. Para Castells, ainda que alguns dos líderes da "all-right" tenham tido influência direta sobre Trump, essa direita alternativa não foi dominante no movimento popular nacionalista, núcleo básico de apoio a Trump. Esse movimento teria uma dupla característica: o sentimento de humilhação identitária e a marginalização social decorrente da reestruturação da economia. Ou seja, em ambos os aspectos, estamos diante de um movimento reativo, que vai ser uma característica comum da rebelião das massas.

Diferentemente da Europa, que sofreu a crise do desemprego, no momento da eleição americana o índice de desemprego era apenas de 5%, graças à política econômica expansiva de Obama. Não havia, portanto, uma crise profunda nas condições de vida. Mas havia uma crise cultural de setores populares em desarraigamento, começando pela desintegração social de comunidades operárias tradicionais sob o efeito da reestruturação industrial – o que levaria a uma epidemia de drogas, justo nas áreas de voto em Trump, reconhecido como salvador providencial. Por outro lado, ao contrário de grupos étnicos e culturais que têm afirmado suas identidades específicas e lutado por seus direitos (minorias étnicas que apoiaram Hillary), haveria por parte do cidadão branco americano um sentimento de exclusão das manifestações culturais dominantes e das categorias protegidas em termos de direitos especiais. A marginalização social e a humilhação identitária estariam, portanto, na base do movimento nacional populista, núcleo base de apoio a Trump, que remete muito à revolta populista jacksoniana, do início do século XIX, em defesa do cidadão branco americano e na preservação dos princípios comunitários de liberdade e igualdade, características da nova nação americana.

Ainda que tenha nomeado, como secretário do Tesouro, Steven Mnuchin, financista da Goldman Sachs, seguindo uma longa tradição presidencial que faz dessa firma o conector concreto entre o poder político e o poder financeiro nos EUA, de um modo geral, Trump não se afastou de suas promessas: tentou revogar a reforma no sistema de saúde de Obama; pressionou as empresas automobilísticas para que não se transferissem para o México; reduziu imposto (sobretudo para os ricos); tentou proibir a entrada de muçulmanos; endureceu a política anti-imigrante; perdoou a repressão policial às minorias; amparou e entendeu os grupos racistas da all-right; empenhou-se, sem grande êxito até agora, em construir o muro na fronteira com o México; anulou os principais tratados multilaterais; anunciou a retirada dos EUA do Acordo de Paris sobre mudanças climáticas; insultou vários dirigentes europeus, com exceção de Macron; ameaçou iniciar uma guerra com a Coreia do Norte; insinuou intervenção militar na Venezuela; e voltou à guerra fria com Cuba, apesar de no passado ter feito negócios ilegalmente com a ilha. Embora tenha esboçado uma guerra comercial com a China, voltou atrás. E só não enveredou em alianças estratégicas com a URSS por causa das suspeitas da intervenção dela na campanha eleitoral.

As cinco fontes de oposição ao governo Trump são: o Congresso, incluindo aí muitos republicanos que viriam a bloquear várias iniciativas de Trump, como a reforma da saúde e a construção do muro – suas declarações contra o establishment, enquanto presidente, vêm sofrendo pesadas reações por parte de líderes republicanos, como o presidente do senado e do congresso; os meios de comunicação; o Poder Judiciário, que, ao contrário daqui, se mostra, de fato, independente e contrário às iniciativas inconstitucionais do presidente; o FBI, que, ao contrário da nossa Polícia Federal, e mesmo com a destituição de James Comey, continua investigando o entorno de

Trump; e a procuradoria geral, que nomeou um promotor especial para investigar a relação entre a URSS e a campanha eleitoral americana.

Não há como deixar de reconhecer algumas semelhanças com o nosso atual governo, muito embora a independência dos poderes nos EUA esteja muito além de nossa frágil democracia. Na Casa Branca, transformada numa casa de loucos, em poucos meses os ocupantes de dez altos cargos foram demitidos por um presidente irascível, incapaz de suportar crítica. E em questão de dias, caíram nomeações como a do assessor de Segurança Nacional, Michael Flynn. Inaugurando um novo modo de comunicação presidencial (o governo via twitter), Trump tuita sem cessar, de noite, emitindo ataques pessoais, próprios de uma personalidade narcisista que precisa de adulação contínua. Duas vezes por dia recebe clipping da imprensa mundial só com opiniões favoráveis e se aconselha unicamente com a família (seu genro e sua filha), além de um círculo pessoal mais íntimo.

Toma as decisões e as comunica aos que devem executá-las, em seguida, muda de ideia, ao perceber que poderão acarretar problemas para ele. Está sempre em campanha porque é aí que sente seu poder e, sobretudo, se sente querido – típico reflexo doentio no grau máximo do narcisismo. Em alguns discursos recentes, parecia não dizer coisa com coisa, despertando questionamentos sobre sua saúde mental, o que, nesse caso, poderia levá-lo à substituição. As investigações sobre a relação entre o governo russo e a campanha eleitoral, conforme os resultados, podem desencadear um movimento de impeachment. Mas os bloqueios institucionais e as críticas midiáticas também podem levá-lo à renúncia. Tanto aqui como lá nos deparamos com o mesmo pano de fundo, guardadas as devidas proporções: o antiestablishment de direita, diante da crise de legitimidade democrática.

O podemos e suas confluências

No texto anterior, apresentamos um dos aspectos da rebelião das massas diante da crise da democracia liberal: o caso Trump. Ou seja, a saída da crise de legitimidade através do populismo de extrema direita. Poderíamos acrescentar a esse quadro a experiência soviética do governo Putin e o pensamento de Aleksandr Dugin.

Mas neste texto gostaria de explorar outra possibilidade diante da crise de legitimidade do Estado: uma política transformadora da esquerda, respondendo à deterioração democrática com novas propostas de participação política e de autonomia em relação ao poder financeiro e midiático. É o caso da experiência espanhola, mais especificamente, o movimento social "15-M" e o "Podemos", que é uma expressão política direta desse movimento no espaço parlamentar.

Antes de mergulharmos nessa experiência alternativa de esquerda, Manuel Castells não deixa de assinalar um caso intermediário que seria a experiência de renascimento dos socialistas na Europa, que ele vai chamar de superação parcial da crise que estaria levando ao desaparecimento os socialistas europeus. Seria uma espécie de adaptação das políticas social-democratas às novas condições sociais e à cultura das novas gerações. De qualquer maneira, é importante observarmos as metáforas utilizadas por Castells para definir essa nova social-democracia: "transição", "embriões de regeneração democrática", "superação parcial da crise", "adaptação das antigas políticas social-democratas às novas condições sociais", e no caso espanhol especificamente, "integração pactuada através de reforma constitucional que revisasse a organização territorial do Estado espanhol considerando a sua plurinacionalidade".

As metáforas indicam um caráter de transição, que vai ser uma marca tanto do novo trabalhismo britânico de Jeremy Corbyn, quanto de um dos segmentos do Partido Socialista Operário Espanhol, na figura de seu secretário geral e atual presidente da Espanha, Pedro Sanchez. O último parágrafo do capítulo referente à experiência política espanhola, no livro de Castells (Ruptura – A crise da democracia liberal), vai denotar algo mais radical que o renascimento da Social Democracia: "Daí que a experiência espanhola adquire um sentido muito mais amplo do que o de transitar rumo a uma nova transição democrática: essa experiência poderia ser o protótipo vivo de outra política, outra democracia possíveis no século XXI". Essa metáfora é o que me parece estar em jogo nesses novos tempos:

"outra política", "outra democracia", ao invés de "renascimento" ou "regeneração".

15 de maio de 2011 é a data do surgimento da mobilização mais poderosa e influente, segundo Castells, contra as consequências iniciais da crise financeira de 2008-2014 na Europa e nos EUA: 15-M ("os indignados") - movimento social espanhol que se desenvolveu à margem de partidos e sindicatos, embora muitos militantes de esquerda e do movimento de antiglobalização participassem dele. E surgiu a partir de manifestações a um chamado difundido nas redes sob a epígrafe "Democracia Real Já". É curioso que, nesse momento, no Brasil, sob o primeiro mandato de Dilma Rousseff, ainda respirávamos o clima de prosperidade lulista, que, dois anos mais tarde, em junho de 2013, se transformaria nos movimentos de rua mais enigmáticos da recente história do Brasil (não se poderia creditar tal ocorrência à crise financeira e ao desemprego, aos quais parece estar associado o 15-M).

O movimento espanhol tentava reinventar a democracia em sua própria prática, mediante uma organização de assembleias e deliberativa, que combinava os debates no espaço público urbano com a interação constante no espaço público virtual das redes de internet, criando um território de autonomia híbrido entre o real digital e o real urbano, como condição indispensável para se encontrar, se reconhecer e buscar novas formas de relação política e utopia cultural, das quais pudesse surgir uma democracia diferente das formas vazias e cínicas que ocupavam as instituições, sem controle dos cidadãos e com escasso respeito aos princípios que proclamavam - compreende-se, quanto a formas vazias e cínicas, o bipartidarismo do Partido Popular (PP) e do Partido Socialista Operário Espanhol (Psoe): o primeiro, ligado ao franquismo, ao catolicismo conservador, ao neoliberalismo e às redes mafiosas de corrupção; e o segundo às elites financeiras e empresariais em torno de um projeto de modernização do país, cooptando o movimento de cidadania e o movimento feminista, além de subordinar o movimento operário ao imperativo das políticas de rigor fiscal e contenção dos gastos.

O impacto do 15-M, com a maioria dos seus ativistas tendo menos de 35 anos e com intensa atuação através das redes sociais, foi decisivo para mudar a sociedade e a política espanhola, trazendo valores de dignidade, igualdade de gênero, tolerância, paz e a possibilidade de uma vida diferente, para além da burocracia e do mercado. Sem esquecer a "Plataforma de Afectados por La Hipoteca", matriz de novas formas de organização social e lideranças, que viria a evitar o despejo de centenas de milhares de pessoas e conseguiu decisões judiciais europeias e espanholas que estabelecessem limites à avidez dos credores.

O "Podemos" (e suas confluências) é consequência direta do 15-M. Em torno do partido foram se articulando, em todo o Estado espanhol, diversas formações, também oriundas dos movimentos sociais – é o caso dos "Comuns" na Catalunha, dos "Compromís" em Valência, e dos "Mareas" na Galícia. Se constituiu em janeiro de 2014, e já nas eleições europeias de maio de 2014, de forma rápida e fulgurante, conseguiu eleger cinco eurodeputados , além de ter alcançado a marca de 8% dos votos. Nas eleições municipais de maio de 2015, através de diversas coalizões com o Psoe e partidos nacionalistas catalães e bascos, conquistou diversas prefeituras, como Madrid, Barcelona, Valença, cidades onde o 15-M incidiu com intensidade em 2011, permitindo que a esquerda obtivesse votação majoritária. E nas eleições regionais, o PP viria a perder todo o seu poder regional, com exceção de Madrid, Galícia e Castela. Por fim, nas eleições gerais de dezembro de 2015 estava desfeito o bipartidarismo, com a inclusão não só do "Podemos" como do "Ciudadanos", um partido escolhido pela elite financeira como embrião de uma direita neoliberal moderna e mais apresentável do que o PP, cada vez mais corrupto. E tanto é verdade que se, em 2011, PP+Psoe obtinham a marca 73,3% dos votos (o restante dos votos divididos entre os partidos comunista e nacionalistas basco e catalão), em 2015 os dois partidos majoritários somados teriam apenas 50,7% dos votos, partidos cuja coalizão, necessária para afastarem o Podemos, com a impressionante marca de 20,6% dos votos, sofreria resistência do secretário geral do Psoe, Pedro Sánchez.

Já que Sánchez resistiu à grande coalizão e não houve a abstenção do Psoe que permitisse a Rajoy, do PP, voltar a ser investido primeiro-ministro, acabou-se o prazo para a formação do novo governo com maioria no Parlamento e foi convocada nova eleição para junho de 2016. Porém, o resultado desta manteve praticamente os mesmos números da eleição anterior, com ligeira vitória do PP, expressando uma certa paralisia do sistema político. Diante da pressão de Susana Días, presidenta da Junta da Andaluzia, para que houvesse a abstenção do seu partido, o Psoe, permitindo a Rajoy do PP chegar ao governo, a resistência do secretário geral do Psoe, Pedro Sánchez, teria como consequência a sua demissão durante o Comitê Federal do Psoe de 1 de outubro de 2016. Foi quando Sánchez devolveu o mandato de parlamentar, escapando à conjuntura de desobedecer ao partido.

Mas o renascimento de sua morte política se deu nas eleições para a direção geral do Psoe em 2017, quando, contra todas as expectativas, viria a ser eleito novamente pelos militantes do partido, vencendo justamente quem o defenestrou, Susana Díaz. Daí a vitória de seu programa e de sua lista de dirigentes no congresso seguinte do partido em julho de 2017.

As sondagens de votos, feitas em julho de 2017, davam 28% para o PP, 24% para o Psoe e 21% para o Podemos, o que já era a primeira consequência do retorno de Sánchez: a soma da esquerda superava a direita. O que fez com que Sánchez explorasse possíveis alianças com o Podemos (comissões conjuntas para elaborar acordos programáticos) e permitindo que o Podemos se abrisse à possibilidade de alianças sem exigências prévias. É nesse sentido que novas e velhas políticas de esquerda começaram a interagir, porque a política do século XXI não poderá se construir ignorando as raízes plantadas no século anterior.

Se as reivindicações de mudança social não eram atendidas, restava tentar a sorte na política institucional. Foi isso que levou à formação do Podemos. Tanto o "Partido X", que se mantinha fiel aos princípios assembleares do

M-15, renunciando, inclusive, à personalização de seus líderes – daí o "X", tanto quanto o Podemos, é cria direta do M-15. Se ambos tinham uma estratégia muito semelhante, o Podemos se diferenciava em razão da liderança midiática de Pablo Iglesias, que, na mídia tradicional, rádio e TV, se destacava. Um ano após sua criação, antes das eleições de 2015, o Podemos já estava em primeiro lugar nas preferências de intenção direta de voto, vindo a sofrer toda espécie de calúnia por parte do poder institucional. Ao contrário do Psoe, cujo centralismo remetia ao leninismo, o Podemos apresentava uma diversidade autêntica, enraizada em culturas próprias das diversas nações espanholas – nesse sentido, remetia mais à tradição anarquista com sua confederação de organizações e movimentos. Poderia se dizer que o Podemos surgiu de múltiplos movimentos sociais e que, em cada nacionalidade e região espanhola, incorporava uma identidade cultural própria.

Antes das eleições de 2016, havia um debate interno no partido, após o bom desempenho nas eleições gerais de 2015, protagonizados por seus dois dirigentes mais destacados: Iñigo Errejón e Pablo Iglesias. E a questão era se deveria ou não fazer alianças institucionais – no caso, com o Psoe. Se Errejón era a favor de que essas alianças fossem feitas o mais cedo possível para não ficarem isolados em uma oposição ideológica, Iglesias, que representava a matriz majoritária do partido, uma mistura entre a indignação do M-15 e a tradição marxista da luta de classes, queria hegemonizar a esquerda e desbancar o Psoe. Tanto que não foi aceita a aliança com o Psoe nos termos em que este queria (incluindo o Ciudadanos), como optou-se por uma aliança com os comunistas da esquerda unida – IU -, já que, se fosse mantida a mesma proporção de votos da eleição anterior, essa aliança superaria os votos do Psoe. A questão é que não se esperava a abstenção ocorrida, e a aliança entre a nova e a velha esquerda não foi capaz de desbancar o Psoe (a direita com o PP e o Ciudadanos acabou mantendo maioria relativa). Foi a partir daí que a ação de uma política mais ampla passou a ser considerada no Podemos, principalmente com o retorno de Pedro Sánchez, em 2017, como secretário geral do Psoe.

A questão catalã e a crise do estado espanhol servem pra dimensionarmos os posicionamentos partidários, principalmente em suas sutis diferenças. A unidade nacional é uma obsessão franquista porque a Espanha não foi um Estado-Nação típico, mas um Estado imperial e teocrático que integrou territórios e culturas diferentes em sua órbita, tanto nas colônias quanto na Península. E na transição democrática, 1978-1980, a Constituição Espanhola de 1978, segundo Castells, apresentaria uma contradição: ao mesmo tempo que é baseada na negociação entre partidos e territórios, é vigiada e condicionada pelas estruturas do Estado franquista, em particular, pelo exército e pelo rei, esse último encarnando um projeto legitimador de sucessão do ditador. Se no artigo 2º proclama a unidade da nação espanhola e, por outro, afirma que ela está constituída por nacionalidades e regiões (o máximo que os relatores bascos, catalães e comunistas conseguiram), já no artigo 8º afirma o papel das forças armadas como fiadoras da unidade espanhola, e no artigo 155º concede ao governo central o poder de intervir em qualquer Autonomia que incremente seu autogoverno à margem dos preceitos constitucionais.

Está pronto o terreno pra grandes confusões. Em 2006, os catalães votaram o estatuto de autonomia que incrementava o teto de autogoverno, embora respeitando os limites impostos por Madrid (aprovado antes pelo parlamento espanhol e depois pelo parlamento europeu). Mas em 2008, com a crise econômica e o governo de austeridade de Zapateiro, o PP mais o Ciudadanos apresentam um recurso de inconstitucionalidade do estatuto (há uma continuidade histórico-ideológica entre o franquismo, sua sucessão monárquica e a direita espanhola representada por esses dois partidos). Em 2010, a sentença do Tribunal Constitucional vai contra o estatuto de autonomia catalã.

O segundo conflito constitucional se dá em 2017, com a vitória das eleições no parlamento da Catalunha por parte do partido da Convergência de Artur Mas, sucessor do seu correligionário e corrupto Jordi Pujol. Através de uma guinada de estratégia política eleitoral, viria a liderar o movimento independentista, atrelando-se ao movimento social a fim de canalizá-lo eleitoralmente. Mas só ganhou as referidas eleições no parlamento através de alianças com diferentes facções do independentismo e com um programa que incluía proclamar a independência em 18 meses.

Em 01/10/2017 há o referendo, que fora julgado ilegal pelo Tribunal Constitucional, portanto, sob um clima de terror, com intervenção judicial e policial contra a votação. Mesmo com a imensa maioria dos votos apurados optando pela criação de uma República Catalã independente no contexto da União Europeia (os votos apurados representavam 43,7% do censo), o governo do partido Popular (PP), apoiado pelo partido Ciudadanos, interviria na autonomia da Catalunha, mas com a promessa de reforma constitucional que revisasse a organização territorial do Estado espanhol em troca do apoio do Psoe. Dessa forma, essa aliança permitiu obstar a oposição do Podemos e suas confluências, assim como do nacionalismo basco e galego, às medidas autoritárias que ignoraram o sentimento majoritário dos catalães sobre seu direito de decidir.

Esse quadro serve pra compreendermos a distinção que Castells estabelece entre a renovação da social-democracia, representada, na Espanha, por Pedro Sánchez, no sentido de uma superação parcial da crise, uma transição democrática, e, por outro lado, uma outra política, uma outra democracia, expressa tanto pelo movimento social 15-M quanto pelo partido político "Podemos". Na questão catalã isso fica muito claro: para o "Podemos" não há acordo para a intervenção na autonomia da Catalunha. A grande questão do Partido Social Operário Espanhol (Psoe), que representa a social-democracia, não é só o fato de estar dividido entre o fervor patriótico da presidente da Andaluzia, Susana Diaz, e a abertura democrática à plurinacionalidade, representada por Pedro Sánchez. O direito a decidir sobre o destino dos povos catalães, bascos e galegos, só pertence a eles e não pode estar dependente de uma reforma constitucional.

A hipótese comunista

"A HIPÓTESE COMUNISTA", de Alain Badiou, foi publicado em 2009, na França, momento em que ocorria uma forte crise financeira no mundo, menos no Brasil. E, logo na introdução, Badiou define o que seria essa ideia ou hipótese comunista: promessa de emancipação universal que se sustenta em três séculos de filosofia crítica, internacionalista e laica, empenhando os recursos da ciência e mobilizando, nas metrópoles, tanto o entusiasmo dos operários quanto dos intelectuais.

Em contraposição aos "novos filósofos", como Bernard Henri-Levi e André Glucksmann, segundo os quais o fracasso de uma forma concreta da Ideia Comunista expressaria o fracasso desta (para eles os socialismos seriam as únicas formas concretas da referida ideia), Badiou argumenta que há uma história da justificação da hipótese, exatamente como um campo científico. O fato da hipótese ou do problema inicial ainda não ter sido resolvido, não significa que ele tenha desaparecido. As etapas da história do comunismo seriam fragmentos do Real, tais como "Maio de 68", a "Revolução Cultural na China", a "Comuna de Paris" - todos eles abordados no estudo de Badiou. Esses fragmentos seriam o corpo da verdade, considerando esta em curso (ela permanecerá em curso enquanto o problema inicial referente à emancipação não for resolvido). Ou seja: esses corpos não teriam uma identidade expressa em nomes comuns ou predicados, mas seriam um complexo de pensamento, organização e ação.

A reflexão sobre o fracasso de uma determinada forma da Ideia comunista teria uma natureza dialética: pode ser uma reflexão negativa ou positiva. A reflexão negativa sobre o fracasso é acusada no próprio momento da derrota e reside na interioridade de uma política, ao passo que a reflexão positiva da derrota demora a se fazer e propicia a mudança de modelos de ação e a invenção de novas formas de organização – essa reflexão faz uma ponte entre determinada política e sua historicidade (a consistência da hipótese comunista só se estabelece a partir de uma história).

Mas o fracasso revolucionário também pode ser considerado a partir do afastamento de sua política, qual seja, da universalidade, a qual torna o lugar habitável por todos sob a norma da igualdade. Nesse aspecto, nos anos 80 de Miterrand, o fracasso residiria na restauração da força do Estado, aqui entendido como a democracia representativa e as leis da economia de mercado – a passagem do maoísmo e do comunismo ativo para a cadeira macia de senador, isto é, para as delícias do poder parlamentar. Sob o signo dos poderes estabelecidos, faz-se a gestão dos contrários, numa obsessão pela totalidade, afastando-se, portanto, do fio da multiplicidade que rege o motivo revolucionário, onde todos são iguais, não só nos direitos como na verdade material.

A outra espécie de fracasso, no que tange ao afastamento da universalidade, característica da política revolucionária, seria o terror, entendido como fracasso de extrema esquerda. É a destruição infecunda do outro ou das particularidades ou da tradição.

Ambos os fracassos fazem parte da eliminação da diferença ou de uma associação livre, expondo a vitória revolucionária em vão, como entremeio do Estado, ou seja, fazendo transparecer um niilismo. Porque se a vitória revolucionária tinha um sentido de mudar o Estado na direção associativa livre, sob o signo da igualdade, acaba se restaurando ou o terrorismo do Estado-Partido, ou o abandono de qualquer referência socialista ou comunista, com o alinhamento às imposições desigualitárias do capitalismo.

As outras espécies de fracasso não se dariam, como nas anteriores, em consequência de uma vitória revolucionária, mas em função de uma luta: no primeiro caso é quando os revolucionários são esmagados pela contrarrevolução em função de uma relação de forças; no segundo caso, de que eu deverei tratar no meu próximo texto, a referência é a "Maio de 68", amplo movimento em que se engajam forças discordantes numerosas, sem que estabeleçam um objetivo de poder, mas pondo o Estado Reacionário na defensiva – resta saber se o recuo de seus militantes deve-se ao fato de que foi só imaginação ou se foi uma amostra da concepção que se deve ter do que é uma política libertadora (talvez sejamos contemporâneos a Maio de 68, conforme explica Badiou, justamente porque um dos principais sentidos desse movimento é o problema das novas formas de organização adequadas ao tratamento dos antagonismos políticos, uma vez que a figura clássica da política de emancipação, considerando os partidos e sindicatos, tornou-se inoperante).

Badiou, ao afirmar que seu texto é diferente de um texto político, ou seja, diferente de uma reflexão interna a um processo político organizado (característica das reflexões negativas sobre os fracassos), também afirma que é diferente de um texto de filosofia política, que sempre impõe as normas morais, as normas de um Estado correto. Ao afirmar que seu texto é de Filosofia, procurar estabelecer a forma genérica que todos os processos de verdade assumem quando encontram os obstáculos do mundo, qual seja, o conceito de ponto, diante do qual uma escolha binária decide o devir do processo. O fracasso estaria associado ao tratamento inadequado de um ponto, considerando que atrás deste tem um enunciado fundamental. Daí porque todo fracasso é uma lição que se incorpora na universalidade positiva da construção de uma verdade. O caráter topológico dessa construção se expressa no fato de que as dificuldades de uma política nunca são globais – são consideradas em uma rede em que é possível reconhecer seu lugar, seu entorno e a maneira de abordar essas dificuldades. Esse espaço de fracassos possíveis é onde se dá a construção da verdade, construção essa a que Badiou dá o nome de Filosofia.

O texto "A Ideia de Comunismo", que consta do livro "A Hipótese Comunista", é a íntegra de uma conferência de março de 2009 em Londres. No referido texto, Badiou vai sublinhar suas referências platônicas, principalmente no uso da Ideia. Em seu livro "Segundo Manifesto pela Filosofia", irá trabalhar com o conceito de ideação (o valor operatório ou ativo da ideia) que será retomado nesse texto-conferência. A Ideia de comunismo seria, para Badiou, antes de tudo, uma operação com três componentes: o político, o histórico e o subjetivo. Esse mecanismo será destrinchado dentro de uma tradição lacaniana, que faz da Ideia uma operação ligada à subjetivação intelectual, integrando no mesmo nível o real, o simbólico e o ideológico.

O componente político é o processo de verdade entendido como uma sequência concreta e datada, em que surgem, existem e desaparecem uma prática nova e um pensamento novo a respeito da emancipação coletiva ou da Ideia comunista. Por exemplo: Revolução Francesa (1792-1794); Guerra Popular na China (1927-1949); Bolchevismo (1902-1917); A Grande Revolução Cultural Proletária (1965-1968). Essas sequências seriam destinadas a uma cessação imanente. Mas esse processo de verdade insere-se no devir geral da humanidade sob uma forma local, cujos suportes são espaciais, temporais e antropológicos. Em outras palavras: ainda que a verdade seja, em última instância, universal ou eterna, ela tem uma dimensão histórica, um modo histórico. Mas talvez o componente mais importante da Ideia, no esquema de Badiou, seja o componente subjetivo, quando um indivíduo decide tomar parte de um processo de verdade, se transformando, por exemplo, num militante bolchevista. O componente subjetivo da Ideia é justamente o engajamento individual, o aspecto de decisão, escolha, vontade. Nesse momento, o indivíduo fixa o lugar de uma verdade em relação à sua própria existência vital e em relação ao mundo em que essa existência se manifesta. O componente subjetivo é que vai fazer a ligação entre o universal e o local, entre o processo de verdade e o seu modo histórico.

Se, para Lacan, o real é insimbolizável (poderíamos pensar aqui no processo de verdade e no seu Devir Sujeito Político ou num fragmento do real político e seu sujeito político), só poderemos projetar imaginariamente o real de um processo de verdade na simbólica narrativa da história. A ideia, portanto, seria essa operação imaginária própria de uma subjetivação individual.

É fundamental a diferenciação entre Lacan e Hegel no que tange à dimensão do real: quando os fragmentos da emancipação coletiva progridem de acordo com o sentido da história, há uma subordinação das verdades ao processo histórico – nesse sentido, poderíamos pensar o comunismo como um predicado e não como uma ideia (hegelianismo). Para Lacan, no entanto, a História não existe, é apenas uma simbolização, enquanto as verdades são puras contingências, não tendo nenhum sentido, muito menos o sentido histórico. Daí a importância e a independência do evento em sua dimensão real: ele abre a possibilidade daquilo que seria impossível (o real é impossível na fórmula lacaniana). Ora, o Estado ou estado de situação organizam e mantêm com frequência pela força a distinção entre o que é possível e impossível – em outras palavras, o Estado finitiza as possibilidades (a subordinação das verdades ao sentido histórico é uma forma de finitização). Quando o comunismo está ligado à Ideia, não à História enquanto predicado, ele se liberta do Estado e ganha uma infinitização de possibilidades através da subjetivação intelectual.

A condenação ao culto da personalidade, que foi a crítica de Kruchov a Stalin, faz parte da crítica abstrata ao papel dos nomes próprios na subjetivação política. Pois a política de emancipação estaria sob esses dois regimes: as massas anônimas, os sem nomes dos que são mantidos pelo Estado numa monstruosa insignificância (conforme Rancière, a importância democrática do não pertencimento a uma classificação dominante); e a Ideia comunista que abriga a Figura Histórica – justamente porque a Ideia comunista se refere diretamente ao infinito popular é que ela precisará da finitude dos nomes próprios: Espártaco, Thomas Münzer, Robespierre, Toussaint-Louverture, Blanqui, Marx, Lenin, Rosa Luxemburgo, Mao, Che Guevara... A política de emancipação é marcada de uma ponta à outra por nomes próprios que a identificam historicamente e a representam de maneira bem mais intensa do que nas outras políticas. O símbolo simples e poderoso do nome próprio reúne a ação anônima de milhões de militantes.

O que prevalece na defesa que Badiou faz dos nomes próprios ou das vidas heroicas, como variantes do culto da personalidade, é que, ao contrário da história comum ou das vidas individuais que fazem parte da História do Estado, a vida heroica também quer estar em partilha com os outros, se mostrando não só como exceção mas também como possibilidade nova e comum pra todos. E essa seria uma das funções da Ideia: projetar a exceção no comum das existências, deslocando por algum tempo as linhas de força pelas quais o Estado prescreve o que é possível e o que é impossível, e convencendo meu entorno individual de que existe também a fabulosa exceção das verdades em devir, de que não estamos fadados à formatação de nossa existência apenas pelas exigências do Estado.

Ter uma Ideia significa não só envolver os possíveis reais, mas a possibilidade formal de outros possíveis ainda insuspeitos por nós (infinitização de possibilidades). É sempre formalmente possível que a linha divisória estabelecida pelo Estado (possível – impossível), seja deslocada mais uma vez, por mais que tenham sido radicais seus deslocamentos precedentes, inclusive aquele de que participamos como militantes. O conteúdo da Ideia comunista não é um determinado objetivo a ser atingido pelo trabalho de um novo Estado, mas é o enfraquecimento do Estado como tarefa infinita, já que a criação de verdades políticas novas sempre deslocará a linha divisória entre o possível e o impossível, entre fatos do Estado e as consequências eternas de um Evento.

Maio de 68

No livro "A Hipótese Comunista", de Alan Badiou, um dos capítulos é dedicado ao movimento de Maio de 68. Fruto de uma conferência de 2008 e tendo como título "Maio de 1968 revisitado, quarenta anos depois", Badiou se pergunta, logo de início, por que as comemorações aos quarenta anos teriam sido mais badaladas do que seu aniversário de vinte ou trinta anos.

Quatro hipóteses são levantadas, contraditórias entre si, provando o grau de complexidade do acontecimento. A primeira hipótese: podemos comemorar devidamente porque hoje, em 2008, temos certeza de que maio de 68 está morto – nada do que aconteceu tem significado ativo para nós. Toda essa comemoração estaria revestida de nostalgia, revelando todo um aspecto folclórico.

A outra hipótese, tão pessimista quanto a anterior, residiria no fato de que as ideias libertárias de maio de 68, a mudança de costumes, o individualismo, o gosto pelo prazer encontrariam sua realização no capitalismo pós-moderno. Sob esse aspecto, o herói de Maio de 68, ou seja, seu verdadeiro resultado, é o capitalismo liberal desenfreado.

A terceira hipótese que justificaria essa intensa comemoração, contrabalançando o pessimismo das duas hipóteses anteriores, corresponderia à seguinte situação: no auge da negação de Sarkozy (o texto é de 2008), nós nos voltamos para maio de 68 como fonte de inspiração, para recobrarmos a coragem e a capacidade de reação, nesse momento em que nos encontramos no fundo do poço.

A quarta e última hipótese, essa também otimista e perturbadora (de uma certa forma, é a mais cara para Badiou) diz que a ideia de mudança radical (revolução) que perseguiu as pessoas quarenta anos atrás, avança em segredo por trás do cenário oficial da derrota total dessa ideia. Em outras palavras, na comemoração afirmamos obscuramente a ideia de que outro mundo político e social seja possível.

No rastro dessas quatro hipóteses, e diante de uma totalidade complexa, cheia de confrontos internos (esquerdismo cultural e esquerdismo político), expressando uma efervescência contraditória, Badiou destrincha quatro maios de 68. O primeiro, tendo como lugar simbólico a Sorbonne, devidamente ocupada, representa a revolta da juventude universitária e secundarista, com suas manifestações em massa e suas barricadas. Manifestações cheias de entusiasmo, sofrendo a repressão policial, e que acabaram se transformando num fenômeno mundial, com a participação de uma pequena fração da juventude (os universitários e os secundaristas). Entre as novidades, além da aceitação da violência, estaria a força da ideologia, dos símbolos, do vocabulário marxista e da ideia de revolução.

O segundo maio de 68, tendo como lugar simbólico a fábrica de automóvel "Billancourt", devidamente ocupada, vai ser cenário da maior greve geral de toda história francesa. Aqui, ao contrário da revolta dos estudantes, nos encontramos diante de um contexto clássico de esquerda: greve estruturada em torno das grandes fábricas e amplamente estimulada pelos sindicatos, particularmente pela Confederação Geral do Trabalho. As novidades que se destacam, apesar do contexto clássico, são as greves selvagens, já ocorridas em 1967, o que nos leva a pensar que o Maio de 68 operário antecipou o Maio de 68 estudantil (as greves selvagens é quando os próprios jovens operários dão início ou desencadeiam a greve, desvinculada das instituições operárias oficiais – as grandes organizações sindicais se unem depois a eles, em parte para controlá-los). Outra novidade é o uso sistemático das ocupações de fábricas de modo mais generalizado do que nas greves de 36 e 47 (fábricas ocupadas e cobertas de bandeiras vermelhas). A aceitação da violência por parte dos operários, numa prática sistemática de sequestro do patronato e confrontos periféricos com altos funcionários e com a polícia, é outra espécie de novidade. Por fim, a insubordinação operária em relação à CGT, principalmente no que tange à duração e ao controle do movimento, como uma espécie de rebeldia às tentativas de resolver a greve geral com uma negociação clássica.

O terceiro Maio de 68 é o maio libertário, que tem como lugar simbólico o Teatro Odéon, devidamente ocupado (seria o nosso tropicalismo?). Badiou o define como um componente ideológico que, apesar de cair algumas vezes no anarquismo esnobe e festivo, faz parte do tom geral do evento. A questão da mudança dos costumes, das novas relações amorosas, da liberdade individual, do movimento feminista, dos direitos e da emancipação dos homossexuais, faz parte desse terceiro Maio de 68. E associado a isso, a ideia de um novo teatro, uma nova forma de discurso público e um novo estilo de ação coletiva. A promoção do happening, da improvisação, o estado geral do cinema e a força gráfica dos cartazes de Maio 68, fazem parte das novidades atreladas a esse segmento específico.

O quarto Maio de 68, correspondente à hipótese de que a comemoração dos seus quarenta anos afirma a ideia de revolução que perseguiu as pessoas quarenta anos atrás e que continua viva em segredo – por trás do cenário oficial de derrota dessa ideia, foi essencial e ainda determina o futuro. Esse quarto sentido é o menos inteligível porque se manifestou ao longo do tempo e não apenas naquele instante de maio de 68. Seguiu-se ao mês de maio, gerando anos políticos intensos. Dificilmente perceptível, se nos ativermos estritamente às circunstâncias iniciais, esse quarto Maio de 68 domina a sequência que vai de 68 a 78, depois reprimido e, por fim, absorvido pela vitória da união da esquerda e dos tristes anos de Mitterrand.

Mas nesse quarto sentido evidencia-se o fim de uma velha concepção de política e a busca cega, entre os anos 70 e 80, de uma nova concepção. A velha concepção, ativa entre os anos de 1900 e 1960, tem, como atores principais, o partido e o sindicato. Se o primeiro organiza o agente histórico que traz a possibilidade de emancipação, isto é, a classe operária, transformando esse agente objetivo num ator subjetivo presente em locais possíveis de poder e transportando assim a força e o conteúdo dos movimentos sociais, já o sindicato providencia a organização da massa, aqui compreendida como a realidade social imediata, os movimentos sociais e as reivindicações particulares. Algumas implicações dessa concepção: a política de emancipação está inserida e quase programada na realidade histórica e social; o sólido dispositivo sindical mantém os operários, os jovens e os intelectuais firmemente presos às suas respectivas organizações, o que traz à tona a figura da mediação; o partido se apoia em correspondentes sociais e os combates mais importantes tornam-se os combates eleitorais.

Para Badiou, a política supõe uma questão teórica, daí a importância da ideia ou da hipótese (a tomada da palavra), e uma questão prática ou a política de emancipação. No caso de Maio de 68, essa política de emancipação traduzia-se numa massa de experimentações imediatas nas quais as pessoas se engajavam com entusiasmo, numa busca hesitante de formas de organização – uma busca cega. Mas que partia de uma crítica (daí a questão teórica) em relação à democracia representativa em seu sentido institucional e constitucional – a palavra de ordem de Maio de 68 era: "Eleições, armadilha para imbecil". É interessante verificarmos que após um mês de mobilização, que foi Maio de 68, o governo organizaria eleições, tendo como resultado uma Câmara das mais reacionárias da história francesa. Estava claro que o dispositivo eleitoral não era só um dispositivo de representação, mas, principalmente, um dispositivo de repressão dos movimentos, do novo e da ruptura.

Quando Badiou descreve o Acontecimento marcante do encontro dos professores, entre os quais ele próprio esteve, com os operários, cheios de desconfiança, diante da fábrica, ele diz: "o que íamos fazer lá na fábrica? Não sabíamos. Tínhamos a vaga ideia de que a revolta estudantil e a greve operária deviam se unir sem intermediação das organizações clássicas". Esse acontecimento, de consequências incalculáveis, era uma prática da política que não aceitava deixar cada um em seu lugar, que aceitava trajetos inéditos, encontros impossíveis, reuniões entre pessoas que comumente não se falavam. Badiou diz: "Nós compreendemos naquele momento, sem ainda compreender totalmente, ali, na frente da fábrica da Chausson, que se uma política de emancipação nova era possível, ela seria uma reviravolta nas classificações sociais, não consistiria em organizar cada um em seu lugar, mas, ao contrário, organizaria deslocamentos materiais e mentais fulminantes". Essa reviravolta dos lugares sociais, em última análise, é acabar com os lugares. E fazendo uma analogia com o nosso país tupiniquim, é o pobre no aeroporto.

Daí porque Badiou, em 2008, que foi o ano em que ele produziu seu texto-conferência, diz que somos contemporâneos de 68. Em 2019 também somos contemporâneos de 68 do ponto de vista da política, seja de sua definição, seja de seu futuro organizado. As categorias certamente mudaram, mas os problemas ainda são os mesmos: um mundo livre da lei do lucro e do interesse privado, que é a própria hipótese comunista.

E se o mesmo problema continua, para Badiou deveríamos manter as palavras da nossa linguagem, que eram de todo mundo em 68. Abdicar dessa linguagem é aceitar o terror que nos proíbe intimamente de pronunciar as palavras que não se encaixam na conveniência dominante. Compete a nós criticar essas palavras, dar a elas um novo sentido, mas não proibi-las (maio de 68 representaria uma indistinção provisória em relação ao léxico usado pela concepção clássica de emancipação, muito embora a verdade secreta é que, mesmo compartilhada, marcava o começo do fim do uso dessa linguagem).

Da mesma forma, convém fazermos nosso próprio balanço do século XX, de modo a reformular a hipótese da emancipação de acordo com as novas condições da época, assim como novas experiências, novas figuras de organização a serem criadas - há todo um trabalho ideológico e histórico complexo a ser realizado. Mas em contraponto à resignação de viver para si mesmo, para seus interesses, sob o julgo da mercadoria e do dinheiro, o que significa viver sem ideia, a única opção é sustentar uma, que só pode ser a ideia comunista em seu sentido genérico.

Badiou sustenta o velho adágio platônico: é preciso viver com uma ideia; somente a partir dessa convicção começa a verdadeira política.

Para concluirmos, e a título de provocação, no texto "Subjetividade sem Nome", que publiquei algum tempo atrás, tendo como foco o texto homônimo de Giuseppe Cocco e Márcio Tascheto, sublinho as quatro linhas narrativas, por eles elencadas, a respeito das jornadas de junho de 2013: como evento radical e irrepresentável; como primeiro momento das mobilizações que levariam mais tarde ao impeachment de Dilma Rousseff; como uma operação para desequilibrar um governo progressista; e como potência que passa a fazer parte da esquerda e do PT. Quatro narrativas ou quatro junhos de 2013 que ponho em paralelo com as quatro hipóteses, segundo Badiou, para as comemorações dos quarenta anos de maio de 68: como ideia de mudança radical ainda viva; como fonte de inspiração pra recobrar a coragem e reagir; como nostalgia e folclore; como realização do capitalismo pós-moderno. Entre o Acontecimento enquanto uma nova forma de política de emancipação (Badiou) e o Evento radical e irrepresentável (Cocco), existe uma diferença infinita.

O processo de ódio à democracia

Crítica da transcendência? Crítica do marxismo? Crítica dos costumes? Afinal, o que está implícito no ensaio impactante de Jacques Rancière, "O Ódio à Democracia", publicado originalmente em 2005?

Rancière distingue dois momentos em que a democracia terá valores completamente diferentes entre si: antes dos anos 80, quando a democracia comporta a separação Estado e Sociedade, se diferenciando do Totalitarismo, que procura transcender essa separação via raça (nazismo) ou através da classe social (comunismo) – nesse sentido, a democracia se oporia ao princípio estatal de totalidade; e depois dos anos 80, quando as propriedades que eram atribuídas ao totalitarismo, concebido como um Estado que devorava a sociedade, tornam-se simplesmente as propriedades da democracia, como uma sociedade que devora o Estado

– nesse sentido a democracia conteria o princípio social da ilimitação.

Analisando o livro "As Tendências Criminosas da Europa Democrática", de Jean-Claude Milner, publicado em 2003, ou seja, um ano antes do texto em referência, Rancière chama a atenção para o que está em jogo no pensamento de Milner e na rede conceitual de seu pensamento, que traz implícita a "teoria do nome", de origem lacaniana, com sua triplicidade característica: o real, o imaginário e o simbólico. Vale lembrarmos que Alain Badiou, de quem tratamos no texto anterior, faz parte dessa mesma escola de Milner.

A revisão da herança revolucionária da democracia, conforme salientada por Rancière no texto de Milner, consiste no fato de que, ao contrário da Política, sempre às voltas com totalidades limitadas, o sonho europeu de paz e democracia sem fronteiras, numa espécie de ilimitação da sociedade moderna, tem como aliada principal a Técnica, capaz de passar por cima de qualquer limite, livrando-se, inclusive, pelas técnicas da manipulação genética e inseminação artificial, das próprias leis de divisão sexual, da reprodução sexual e da filiação.

Para Milner, ao contrário dos judeus, cujo princípio de existência é a da filiação e da transmissão, em outras palavras, uma totalidade limitada, própria da Política, o ideal de autoengendramento da democracia seria também um ideal de autodestruição (para Milner, a Europa Democrática nasceu do genocídio e dá continuidade à tarefa querendo submeter o Estado Judeu às condições de sua paz, que são as condições do extermínio dos judeus).

Conforme salienta Rancière, se no livro "O choque das civilizações e a recomposição da ordem mundial", de Samuel P. Huntington, anterior aos anos 80, temos uma democracia ocidental e cristã em oposição ao oriente despótico do Islã, já no livro de Milner, de 2003, a democracia torna-se sinônimo de totalitarismo, junto com o cristianismo e o islamismo, em oposição ao povo judeu. Para intelectuais europeus contemporâneos, além de Milner, como Badiou e Agamben, a democracia se tornou nome do mal, enquanto que para os argumentos que apoiam as campanhas militares americanas destinadas ao avanço mundial da democracia, a palavra conteria um paradoxo: um bom governo democrático controlando o duplo excesso da vida democrática, qual seja, o seu princípio anárquico de contestação e intervenção nas atividades dos Estados, controlando a multiplicidade de demandas da sociedade, indiferentes ao bem público (essa dualidade , governo e sociedade, antes dos anos 80, era uma marca positiva da democracia e Rancière vai se debruçar no estudo desse deslocamento de sentido: do paradoxo ao totalitarismo).

É curioso que, segundo Rancière, o liberalismo francês exibido pela intelligentsia francesa desde 1980, isto é, a partir do governo Mitterrand, passando por Jacques Chirac, é uma doutrina de base dupla: ao mesmo tempo que é uma reverência às Luzes e à tradição anglo-americana da democracia liberal e dos direitos do indivíduo (a democracia parlamentar e liberal em contraposição à democracia radical e igualitária do corpo coletivo, que foi uma característica tanto do terror da revolução francesa quanto do terror stalinista), também é, esse liberalismo francês, paradoxalmente, uma denúncia da revolução individualista, que foi característica da Revolução Francesa, rompendo o corpo social (baseado em sua leitura de François Furet – "Penser La Revolution Française", o princípio primeiro do Iluminismo é a doutrina protestante, que eleva o julgamento dos indivíduos isolados em vez das estruturas e das crenças coletivas). Nesse último sentido, o Terror é consequência rigorosa dessa dissolução social e da vontade de recriar, pelo artifício das leis e das instituições, um laço que apenas as solidariedades naturais e históricas podem tecer.

Essa dupla base é que explica esses dois momentos: um primeiro momento da vitória das liberdades individuais sobre a opressão do Estado (o fim da União Soviética); e um segundo momento que é a crítica marxista dos direitos humanos, conforme Hannah Arendt, que são os direitos egoístas da sociedade burguesa. Se, para Marx, os egoístas são os detentores dos meios de produção, para Hanna Arendt são os consumidores ávidos, o homem democrático por excelência. Conforme o Manifesto Comunista, mais de cento e cinquenta anos atrás, a burguesia substituiria as numerosas liberdades conquistadas duramente por uma única liberdade sem escrúpulos, que é a igualdade mercantil, repousada sobre uma relação de exploração (uma desigualdade fundamental entre o prestador de serviços e o cliente). Hoje, a generalização dessas relações mercantis recai sobre os direitos do homem, realização da exigência de igualdade que arruína a busca do bem comum encarnado pelo Estado, "bem comum" entendido como uma espécie de transcendência coletiva, seja ela religiosa ou política. Esse pensamento, que Ranciere, ironicamente, pinça de Hanna Arendt, também estará presente em Dominique Schnapper, em seu livro "A Democracia Providencial": o reino da igualdade dos direitos humanos traduziria a igualdade da relação de exploração.

O que Rancière vai acompanhar cuidadosamente será o processo de transformação do sentido ou do valor da democracia. Em outras palavras, as etapas de eliminação de sua figura política: um primeiro momento, nos anos 80, em que a democracia se confunde com o estado da sociedade (o homem democrático é o indivíduo consumidor); e um segundo momento, sob cuja égide estaríamos hoje, identificando a democracia como uma catástrofe antropológica, uma autodestruição da humanidade. Para Rancière, e esse talvez seja o ponto central de sua argumentação, as duas etapas terão como ponto em comum o acerto entre filosofia e sociologia, valorizando a igualdade geométrica, própria da Politeia platônica (educação que dota cada pessoa e cada classe da virtude própria a seu lugar e função). A esse universal, continuamente privatizado, isto é, reduzido a uma divisão de poder entre nascimento, riqueza e competência, é que Rancière contrapõe a democracia, entendida como a rejeição dessa pretensão dos governos de encarnar um princípio uno de vida pública. A democracia, nesse sentido, seria o movimento que desloca continuamente os limites do público e do privado. Eliminar a figura política da democracia, como Rancière procura flagrar na História, seria eliminar o risco contínuo de deslocamento entre o público e o privado.

Vejamos então o primeiro momento desse acerto entre filosofia e sociologia.

É quando a democracia passa a estar ligada ao consumo ávido, primeiro momento da eliminação da sua figura política. Aqui, há uma análise otimista da democracia encarnada na figura do filósofo Gilles Lipovestsky, em contraposição às análises pessimistas originárias dos EUA, como as de Daniel Bell, em seu "The Cultural Contradictions of Capitalism", publicado em 1976. Para Bell, a cultura democrática, ligada à realização pessoal e ao hedonismo, entraria em contradição com o esforço produtivo da economia e com os sacrifícios em prol do interesse comum expressos no campo político. A esse paradoxo da democracia, radicalizado por Baudrillard num modo marxista (afinal, para ele o consumo representa uma falsa igualdade), Lipovetsky responde na perspectiva de alegres sociólogos pós-modernos: a sociedade personalizada do self-service tem uma semelhança com os regimes democráticos no que tange ao pluralismo partidário, às eleições e ao direito à informação. Haveria, inclusive, a adesão existencial dos indivíduos a uma democracia vivida, enquanto segunda natureza (o crescimento do narcisismo consumidor colocava a satisfação pessoal e a regra coletiva em harmonia).

Ainda que os filósofos à moda antiga, como Hanna Arendt e Leo Strauss, busquem recuperar o sentido de política desimpedida das expectativas do consumidor democrático, estabelecendo uma diferença entre o bem comum e o egoísmo da vida privada, há uma espécie de acordo, o primeiro deles, nos anos 80, entre filósofos e sociólogos: o homem democrático é o indivíduo consumidor e a democracia é um estado da sociedade governada pela única lei da individualidade consumidora. Vem à tona a figura do assalariado que defende, de maneira egoísta, privilégios arcaicos através de greves gerais. Essa ruína da política, sobre qual os sociólogos pós-modernos foram tão incansáveis, marca o primeiro momento da transformação do sentido de democracia.

Mas o segundo momento dessa transformação, que também marca o segundo acerto entre filosofia e sociologia, Rancière vai centrar na discussão sobre a escola. Se nos anos 80, a tese sociológica quer tornar a escola mais igual, adaptando o conteúdo do ensino aos alunos mais carentes da herança cultural, partindo da premissa, conforme Bourdieu, de que há desigualdades sociais ocultas na forma aparentemente neutra da transmissão escolar do saber, já a tese republicana de Jules Ferry defende a separação da escola da sociedade, onde reina a desigualdade. Para Ferry, o que importa é a distribuição do saber a todos igualmente, sem considerar a origem ou a destinação social, mas usando a forma de relação desigual aluno-professor.

O que vai marcar, de fato, o segundo momento, é que o inimigo que a escola republicana enfrentava não era mais a sociedade desigual, da qual ela tinha que afastar o aluno, mas, sim, o próprio aluno, transformado no homem democrático, vindo a escola a sofrer desse único mal, a Igualdade, encarnada no aluno. Diante desse estado de coisas, não cabe mais a figura do professor republicano que subtrai a criança da reprodução familiar de certa ordem social, qual seja, a democrática, com a sua respectiva desigualdade. Mas o pai de família que submete os filhos ao estudo farisaico, transmitindo o princípio do nascimento, o princípio da divisão sexual e o princípio da filiação.

Diante da homogeneidade social, que representou o primeiro momento do processo de eliminação da figura política da democracia, e o movimento ilimitado de crescimento de si como seu segundo momento (o consumidor do hipermercado, a adolescente que recusa tirar o véu e o casal homossexual que quer ter filho, incidindo todos eles na figura do homem democrático), a resposta respectiva será: a transmissão universal e igual do saber (com desigualdades sociais ocultas na forma aparentemente neutra de transmissão do saber); e a transmissão de princípios de nascimento, de divisão sexual e de filiação. Em ambas as respostas, há um universal continuamente privatizado e a homogeneidade entre as instituições do Estado e os costumes da sociedade.

Mas todo esse cinismo de colocar a ilimitação da riqueza na conta do apetite devorador dos indivíduos democráticos, transformando a democracia devoradora na grande catástrofe através qual a humanidade destrói a si mesma, não vai nunca deixar de suscitar a desordem democrática, deslocando sempre a fronteira entre o público e o privado, essência última da democracia.

O ato democrático

A pergunta que Jacques Rancière se faz, exposta na última parte de seu livro "O ódio à democracia", ilustra bem os motivos do seu ensaio, que são o esforço empreendido para responder uma questão: "Como compreender que, no interior dessas democracias contemporâneas, uma intelligentsia dominante, cuja situação não é desesperada e que pouco aspira a viver sob outras leis, acuse dia após dia, entre todas as desgraças, um único mal, chamado democracia?".

Na segunda parte do nosso estudo sobre esse texto clássico de Rancière, publicado originalmente em 2004, vamos nos reportar às razões desse ódio. Segundo Rancière, todo estado é oligárquico, ou seja, é controlado por uma minoria privilegiada, esteja ele sob o manto do totalitarismo, esteja sob o regime democrático. A diferença é que, sob o sistema democrático, a oligarquia respectiva daria mais ou menos espaço, seria mais ou menos invadida pela atividade democrática – a identificação da democracia a uma ação, não a um regime, vai ser a marca do pensamento de Rancière.

Há por parte do autor o reconhecimento de que no sistema representativo é necessário um mínimo para tender à democracia, isto é, quando o referido sistema se aproxima do poder de qualquer um. Por exemplo, os mandatos curtos, não acumuláveis, nem renováveis. Mas o que se evidencia na realidade seria o contrário disso, com a apropriação da coisa pública por uma sólida aliança entre a oligarquia estatal e a oligarquia econômica – como exemplo, os eleitos eternos, alternando as funções de Estado e vendo na população apenas o elo da representação dos interesses locais.

Ainda que reconheça que não vivamos realmente em democracias, Rancière completa: "Tampouco vivemos em campos de concentração", fazendo, naturalmente, uma menção velada a Agamben (a discussão que estabelece com seus contemporâneos é um capítulo à parte). Existem exceções aos direitos, mas estes são reais, não são ilusórios, foram conquistados pela ação democrática e a efetividade deles é mantida por meio dessa ação democrática. O direito de associação, reunião e manifestação, por exemplo, é expressão de uma vida democrática, política, independente da esfera estatal.

Com isso, Rancière sublinha uma perspectiva otimista, que é a sua, em relação à ideia de democracia, qual seja, a do equilíbrio conflituoso, a do equilíbrio dos contrários, entre o limite e o ilimitável. Caberia aos governos dos Estados limitar o desenvolvimento, submeter a força incontrolável e ubíqua da riqueza ao interesse das populações. A questão é que a eliminação do espaço político, do contraditório – desviando as paixões democráticas para os prazeres privados e tornando essas paixões insensíveis ao bem comum (o texto de Marilena Chauí, "Comunicação e Democracia", já analisado aqui, desenvolve com bastante precisão esse aspecto, quando tudo passa a ser uma questão de opinião pessoal) – vai ser o canto melancólico dos pessimistas, segundo os quais a multidão, que talvez possamos entender como "o homem democrático" se desinteressou pelo bem público, ora se abstendo de votar, ora abordando as eleições do ponto de vista dos seus egoísmos, isto é, dos seus interesses privados.

O melancólico político desacredita na democracia, lamentando o estrago que credita a ela. Já o progressista, o outro lado da mesma moeda, expresso tanto na figura do especialista quanto dos políticos oligarcas, tendo ambos estudado nas mesmas escolas, ou seja, tendendo a adotar as mesmas soluções (ambos têm a mesma perspectiva de uma só realidade, a economia, e acreditam piamente, até porque é uma questão mais de fé do que de ciência, na ilimitação do poder da riqueza), faz parte explicitamente da cultura do consenso – essa referida ordem consensual, baseada numa pseudo legitimidade científica, já que o especialista terá sempre "a solução certa" para os problemas da sociedade, vai questionar os sistemas de saúde, de aposentadoria e os direitos do trabalho.

Ora, isso é exatamente governar sem política – qualquer discordância em relação ao consenso dominante será taxada de populismo, atraso, decadência, ignorância.

Mas voltando aos intelectuais ou a "intelligentsia", como Rancière vai denominá-los, ficam claras duas perspectivas aí, ambas de fundo marxista, diferentes entre si, mas se identificando no ódio à democracia. Cumpriria determinar a função desse ódio.

Para os progressistas, o movimento das coisas é racional, o progresso é progressista – princípios básicos da explicação histórica marxista, privilegiando a unidade. Já para os melancólicos, também de fundo marxista, porém, crítico, investindo na ruptura das classes e dos mundos, a história sempre se divide em duas, com a diferença de que, se antes criticavam o reino do consumo, das mercadorias, assim como o princípio de ilimitação, próprio do capitalismo, agora, invertendo a lógica das causas e dos efeitos, os indivíduos, que eram vítimas dessa situação de dominação, passam a ser responsáveis. Essa foi a inversão efetuada pelo marxismo crítico: o vício individual do consumo é que provoca a lei do crescimento do capital. Consequentemente, o homem democrático quer mudar o sistema, apenas para ir mais longe no seu vício de consumo. Assim foi como os melancólicos interpretaram o movimento de 68: destruição de todas as estruturas – familiares, escolares ou outras – que se opunham ao reino ilimitado do mercado (no nosso estudo sobre o texto "A Hipótese Comunista", mostramos as várias interpretações para 68 levantadas por Badiou, inclusive esta dos melancólicos).

O que chama atenção nos melancólicos, ou, como Rancière diz, nos praguejadores contra a democracia, um tipo peculiar, de fundo marxista, é que no desmoronamento do sistema soviético o extermínio dos judeus passa a tomar o lugar da revolução social como o evento que dividiu em dois a História. A loucura desse projeto, expressa no livro "As Tendências Criminosas da Europa Democrática", de Jean-Claude Milner, analisada detalhadamente por Rancière, é que para o extermínio dos judeus ocupar o evento central da história moderna, será necessário eximir os verdadeiros autores de sua responsabilidade, já que a ideologia nazista é reativa, ou seja, se opõe ao movimento moderno da História, da qual fazem parte o racionalismo das Luzes, os direitos humanos, a democracia e o socialismo.

Enfim, a modernidade, tal como Heidegger nos ensina, tem uma relação com a técnica (isso desembocaria na câmara de gás). O nazismo, por sua vez, empregaria meios modernos e racionais servindo ao fanatismo arcaico, o que não presta à equação delirante dos praguejadores melancólicos, segundo os quais o sonho da humanidade democrática é a procriação artificial a serviço de uma humanidade dessexualizada. Está dividida novamente a história em duas: o povo fiel à lei da filiação (os judeus) e a humanidade democrática dessexualizada.

O fato é que essa divisão da história, característica de um marxismo crítico, segundo Rancière, faz parte de um ódio clássico à democracia, que produzirá mascaramentos de toda espécie (mascarar, sobretudo, a dominação das oligarquias estatais identificando a democracia com uma forma de sociedade, e mascarar a dominação das oligarquias econômicas assimilando seu império aos apetites dos indivíduos democráticos). A própria duplicidade, fazendo da democracia, num único todo, um tipo de ordem estatal e uma forma de vida social, e produzindo ambivalências cabeludas tais como apoiar campanha militar em nome da civilização democrática e, ao mesmo tempo, denunciar a corrupção democrática da civilização, seria uma forma de mascaramento da despolitização. Apagou-se uma indistinção original entre governantes e governados, indistinção essa que é a própria ausência de títulos, ausência de legitimidade que funda a democracia (o apagamento dessa indistinção, que é o espaço da política propriamente dito, vai desembocar nas revoltas de massa, que são abordadas por Manuel Castels, muitas delas como figuras radicalizadas nos poderes do nascimento e da filiação, contrapondo-se ao Estado oligárquico de direito, esse compreendido por sua gestão oligárquica e a exigência da ilimitação da riqueza). Platão identifica a indistinção original ao caos num sentido negativo. E no século XIX, sob um Império autoritário na França, com leis pesadas que restringiam a liberdade individual, a torrente democrática vai estar ligada à sociedade, nos novos modos das moças, na literatura... reservando-se à democracia apenas uma forma social.

Esse dualismo sinaliza justamente o que a democracia não é, ou apenas a sua máscara. Porque sua potência é a ação que arranca continuamente dos governos oligárquicos o monopólio da vida pública e da riqueza, a onipotência da vida. A ideia de suplemento anárquico, ao invés de princípio, ligada à democracia, é muito bem demonstrada quando Rancière destaca o gesto da moça negra em Montgomery (Alabama) em dezembro de 1955.

Como moradora de um Estado que proibia aos negros um determinado lugar nos ônibus, ela não tinha direito a sentar ali. Mas como cidadã dos EUA, ela tinha esse direito e se manteve sentada ali. Para Hanna Arendt, os direitos humanos seriam uma condição do absurdo: são os direitos dos que não têm direitos, já que o "Homem nu", que não é cidadão, não tem direitos – é o caso da mulher negra naquele momento em Montgomery. A não ser que ter direitos e não ter direitos sejam formas que se desdobram, sendo a política a operação desse desdobramento: os negros de Montgomery, diante desse conflito entre uma pessoa privada e uma empresa de transporte, decidiram boicotar a empresa, agindo politicamente e pondo em cena a dupla relação de exclusão e inclusão inscrita na dualidade do ser humano e do cidadão.

Essa é a ideia de sujeito político que, trabalhando no intervalo das identidades (o cidadão dos textos constitucionais, por um lado; e a sua identidade determinada pelas relações sociais por outro lado), acaba por reconfigurá-las. Esses nomes identitários (cidadão-homem nu), cuja extensão e compreensão são litigiosas, prestam-se a uma suplementação política, a um exercício que verifica a quais sujeitos esses nomes se aplicam e a força que esses sujeitos contêm. Os negros de Montgomey foram sujeitos políticos na medida em que sua ação reconfigurou a relação público-privado. A partir daí os negros passaram a ter direito de sentar naquela parte dos ônibus que lhes era interditada.

Rancière contrapõe ao socialismo do século XIX e XX, e à democracia das multidões do século XXI, os atos singulares e precários, que muito têm a ver com as greves selvagens abordadas por Badiou, no seu conjunto de relações igualitárias. O resto é fé, que dos elementos da sociedade atual possa se produzir uma sociedade nova igualitária, que as formas cada vez mais imateriais da produção capitalista possam formar uma inteligência coletiva, uma potência coletiva de pensamentos, afetos e movimento dos corpos, capazes de explodirem o Império (novamente me remeto ao texto "Democracia e Comunicação", de Marilena Chauí, pelas linhas de afinidade entre ambos os textos).

Democracia não é poder (riqueza, filiação), não é forma institucional, nem natureza, nem necessidade histórica. É apenas estar entregue à constância dos seus próprios atos, através de relações igualitárias, numa partilha de poder igual da inteligência.

Sobrecarga

Mikhail Zygar publicou em 2016 o livro "Todos os Homens do Kremlin (os bastidores do poder na Rússia de Vladimir Putin)", editado no Brasil, em 2018, pela editora "Vestígio". Ex-editor-chefe da única emissora de TV independente da Rússia, a TV Rain, ganhou o "Prêmio Internacional de Liberdade de Imprensa", de 2014, promovido pelo Comitê para a Proteção dos Jornalistas. Esteve recentemente no Brasil, numa entrevista promovida pela Revista Piauí, e foi sabatinado por João Moreira Salles.

O livro traz uma enxurrada de acontecimentos, que vão do final da década de 90 até meados de 2015. Seguindo sempre a estrutura linear do tempo, Zygar concentra-se nos personagens, como num culto à personalidade. Nas introduções dos capítulos, antes que o autor mergulhe nos acontecimentos, há uma espécie de veredito transcendental sobre o personagem histórico a ser abordado. Até o final do livro, a galeria de nomes é imensa.

Mas talvez possamos dividir essa história sobre Putin em duas partes: o período referente ao primeiro mandato, em que registramos um progressivo descolamento em relação ao governo de Iéltsin, num duelo sem tréguas entre os oligarcas e os siloviki (um grupo informal de velhos amigos de Putin, que haviam servido com ele na KGB e o conheciam da época de São Petersburgo); e um segundo período mais voltado ao exterior, quando avolumam suas críticas em relação aos EUA e à Europa.

A tolerância do chefe de gabinete do Kremlin no governo de Iéltsin, Alexandre Voloshin, em relação a Lenin, deve-se ao fato de que, se no referido ano, seu plano era remover, da Praça Vermelha para São Petersburgo, os restos mortais do grande líder bolchevista - plano complicado se considerarmos os comunistas como a principal força do parlamento; o seu desejo inicial acabaria sendo deixado de lado, já que, no final de 2001, com Putin eleito, os comunistas viriam a se tornar inofensivos: a derrota na disputa pela presidência de seu candidato, Iegni Primakov, repetindo uma derrota anterior no parlamento, seria o golpe de misericórdia. É a partir daí que surge a "Rússia Unida", partido que abrigaria uma improvável aliança, constituída por partidos rivais na disputa pelo parlamento e pela presidência: a Unidade, cuja origem é a Família de Iéltsin, com seus oligarcas, tais como Boris Berezovski ; e a "A Pátria – Toda Rússia" (PTR), de Iuri Lujkhov, prefeito de Moscou, com uma visão bem conservadora sobre o sistema político, a desconfiança do Ocidente, o interesse pela filosofia eslavófila e pela Igreja Ortodoxa (essa aliança tinha como objetivo tirar do jogo o partido comunista, mas tanto a Unidade quanto o PTR serão preteridos mais tarde pela política de Putin).

No primeiro mandato, a sua primeira aproximação com o ocidente vai ser via Tony Blair. Diga-se de passagem, há um grande esforço por parte de Putin no sentido de conquistar uma boa imagem diante do mundo ocidental. Vai ser em meados de 2000 que Putin fecha todas as suas bases militares herdadas da União Soviética, incluindo as de Cuba e Vietnã. A guerra da Chechênia, que enfrentou logo no seu primeiro mandato, acabou tendo o apoio dos EUA, quando se comprovou a filiação de Akhmed Zakaev, líder da Resistência, à Al Qaeda. E já em 2001, a invasão americana do Afeganistão, após o 11 de setembro, teve cooperação russa, ao consentirem a instalação de uma base americana no Quirguistão como suporte à operação americana (as linhas de abastecimento passavam pela Rússia) – os talibãs eram tradicionalmente contra os russos e, num dado momento, chegaram a desestabilizar a situação no Tagiquistão e Uzbaquistão, ao sul da Rússia.

A guerra contra o Iraque, em abril de 2002, foi um marco divisório, mudando de vez a atitude de Putin em relação aos EUA. Aliando-se aos que se opunham à invasão americana, como Chirac e Schoroeder, Putin fortalece sua imagem no exterior.

Ainda que em lados contrários no tocante à invasão do Iraque, os negócios entre ingleses e russos iam de vento em popa. A visita de estado de Putin a Londres, em 24 de junho de 2003, tem como objetivo celebrar o casamento real entre duas petrolíferas de peso: a TNK (russa) e a BP (inglesa), esta última tendo adquirido 50% da empresa russa. O projeto do gasoduto Nord Stream, sob o mar báltico (fornecimento de gás à Europa por parte da Rússia, sem passar pela Ucrânia), é celebrado com um certo alvoroço. E tudo ia bem entre os dois pombinhos, não fosse a Grã-Bretanha conceder asilo político para dois inimigos do regime russo: Boris Berezovski e o terrorista checheno Akhmed Zakaev. A partir daí estremece a relação Rússia e Grã-Bretanha, e Putin esquece, pelo menos por enquanto, a ideia de construir o gasoduto sob o mar Báltico.

Boris Berezovski, um magnata das comunicações, da Família de Iéltsin, atuou ativamente na campanha para a eleição de Putin (era dono do jornal Kommersant e detinha 40% da televisão pública russa, a ORT). O fato é que o governo de Putin viria a sofrer forte oposição da imprensa e Berezovski seria visto pelo Estado como um manipulador da opinião pública em diversos momentos: na morte de 118 militares do submarino nuclear Kursk; na alusão aos expurgos de Stalin em relação à atuação dos siloviki ao redor de Putin (oficiais de alto escalão, tanto do serviço militar quanto dos serviços de segurança, diante dos quais todos os oligarcas russos passariam a ser submetidos a investigações); no financiamento de um livro (A Explosão da Rússia) e de um documentário (O Assassinato da Rússia), por parte de Berezovski, segundo os quais os bombardeios no final de 99, em Moscou e outros lugares, não eram ações de terroristas chechenos, como tentavam fazer crer, mas do próprio serviço secreto de inteligência russa para promover Putin, recém-nomeado primeiro-ministro. Em relação ao ato terrorista no teatro moscovita, em outubro de 2002, quando é lançado pela polícia russa gás incapacitante, matando todos os terroristas e, portanto, não deixando ninguém para o interrogatório (estimam-se de 130 a 175 mortos), seis meses após o ocorrido, a jornalista Anna Politkovskaia entrevistaria um terrorista que se dizia ser checheno e que, segundo ele, fora recrutado pelos serviços de segurança da Rússia - dizia também que os agentes de segurança russos sabiam de antemão do ataque ao teatro. Coincidentemente, o entrevistado viria a morrer em um acidente de carro pouco depois, e a jornalista seria assassinada em 2006.

O que fica marcado nesse primeiro mandato de Putin é, portanto, o confronto com os oligarcas, muitos deles do ramo da comunicação, os quais cresceram no período Iéltsin, adquirindo um patrimônio que praticamente foi um presente do Estado (os bancos emprestavam dinheiro ao governo e recebiam ações das estatais como garantia; todos sabiam que o governo jamais pagaria os empréstimos e as empresas se tornariam propriedades dos bancos credores, gerando uma situação que Putin viria a herdar: todas as empresas estatais privatizadas pelos maiores grupos bancários). Era o caso de Khodorkovski, dono do Banco Menatep, que em 1995 adquiriu 45% das ações da Yukos (fornecedora de derivados de Petróleo) por um preço abaixo do mercado.

A prisão de Khodorkovski, em 2003, desencadeando a renúncia de Voloshin, o principal estrategista de Iéltsin e do novo governo de Putin, é expressão de uma nova oposição sistêmica à Família, que deixa de ser preponderante, como fora, nas décadas anteriores, governando o país. Estamos agora sob o signo dos Siloviki, que a intelectual Gleb Pavlovski cita, tendo eles como principal função corrigir as políticas do presidente por dentro. Enumeremos algumas características dessa nova paisagem: 1) o negócio pode ser privado, mas o Estado deve ter a sua gestão; 2) monopólios estatais ou holdings com participação do Estado nos setores da economia mais atraentes; 3) crescimento econômico via redistribuição de recursos (combustível e matéria prima), criação de monopólios estatais e controle mais acirrado das empresas; 4) aumento do aspecto violento do governo com os siloviki em todas as áreas da esfera política – das eleições à vida privada dos cidadãos; 5) nova plataforma ideológica populista de esquerda, voltada para pequenas empresas e para meios de comunicação de massa antioligárquicos e do setor público.

No segundo mandato de Putin, a partir de 2004, já está consolidado um novo modelo, que eu definiria de ruptura em relação a Iéltsin - basta pensarmos que o primeiro-ministro, Kasianov , o último do grupo liberal dentro do Kremlin, viria a cair fora em 24 de fevereiro de 2004, portanto, antes das novas eleições.

Nesse segundo mandato de Putin e mesmo depois, como primeiro-ministro a partir de 2008, o grande personagem é Surkov, que viria a substituir o chefe de gabinete Alexandre Voloshin, ainda em 2003, por conta do conflito entre a empresa Yukos e os siloviki. É importante distinguirmos esses dois momentos do governo Putin: a "democracia controlada", no seu primeiro mandato, que é fruto de ajustes internos como as reformas econômicas e políticas; e a "democracia soberana", já sob o signo de Surkov, quando os problemas do país não são mais internos e sim externos. Sob essa nova configuração, acossado pelas revoluções coloridas, como na Ucrânia e Geórgia, vale retomarmos as palavras de Gleb Pavlovski, até porque fazem uma estranha ressonância com as dos melancólicos políticos analisados por Jacques Rancière em "O Ódio à Democracia": "A civilização europeia tem a necessidade de um inimigo constante... Na virada para o século passado, os inimigos eram os judeus; hoje são os russos... Os russos são os judeus do século XXI. Para mim, o Nashi (movimento juvenil pró-governo, fundado por Surkov, em oposição ao movimento "Pora!", de origem ucraniana) é o punho que a sociedade deve mostrar aos neonazistas".

Zygar chama atenção para o método Surkov, que já se fazia presente no "Nashi", quase uma cópia do "Pora!", mas que também vai se reproduzir nos discursos que escreveu tanto para Putin quanto para Medvedev, que se torna presidente em 2008. Usurpando slogans da oposição, é como se o culpado tomasse a posição de vítima. Vejamos esse discurso de Medvedev, no parlamento russo em 5 de novembro de 2008: "A burocracia amedronta o mundo empresarial para que ele ande na linha. Controla a Imprensa para que todos se calem. Interfere no processo eleitoral para que nenhum intruso chegue ao poder. Pressiona os tribunais para que exerçam uma justiça seletiva". Em outras palavras, ele critica o status quo, ainda que não tenha tentado mudar nada em relação às leis eleitorais; expõe as falhas da própria lei eleitoral, criada pelo autor do discurso para combater a ameaça de revolução colorida – a redução de número de partidos, o estreitamento das regras de registro partidário para que houvesse apenas partidos fantoches, a mudança do sistema misto de listas e voto distrital para o sistema de listas e a impossibilidade de candidatos independentes disputarem as eleições ; e, contraditoriamente, expõe a farsa, que é a proposta de aumento do mandato presidencial e dos membros do parlamento.

Essa ideia de farsa, que Rancière expõe naqueles que, no fundo, odeiam a democracia, vai estar ironicamente exposta no fracasso de Igor Schuvalov, assessor econômico de Putin e vice-primeiro-ministro. Na reunião do G8 em São Petersburgo, em 2006, tendo como tema principal a segurança energética, a Rússia retomava seu velho sonho do gasoduto sob o mar Báltico, alternativa à Yamal-Europa, que privava dos impostos com transporte países como a Bielorrússia, Países Bálticos, Polônia e Ucrânia, aos quais a Rússia fazia oposição. Desta vez tendo como aliado Schroeder, que viria a perder em 2005 as eleições para Angela Merkel, e Berlusconi, representando respectivamente a North e South Stream, o grupo do G8, em janeiro de 2006, viria a optar por dois ou três fornecedores de gás, pondo por terra definitivamente um antigo sonho russo. Os políticos europeus, àquela altura, passaram a achar que a Nord e South Stream seriam um alicate gigantesco que a Rússia usaria para esmagar a Europa.

Em momento algum a guerra deixou de existir. Em fevereiro de 2009, na Conferência de Munique, Rússia e EUA apertam o botão de reinício de relações. E Hillary e Lavrov, um mês depois, teatralizam o ato nos EUA. Só que no botão, ao invés de estar escrito "perezagruzka", cujo sentido é "reinício", está grafado sem querer "peregruzka", que tem o perigoso sentido de "sobrecarga".

Os excluídos

Dia 15 de novembro de 2014. O salão está repleto de grandes líderes. Estamos na cidade de Brisbane, Austrália, que recebe a reunião do G20. Há um tilintar de talheres, um burburinho efusivo, risos, um cheiro de comida que penetra fundo na alma das personalidades. O Sr. Putin acaba de entrar no recinto. Boa parte dos convidados já está sentada em seus devidos lugares, escolhidos com muito cuidado pelo cerimonial. O garçom encaminha Putin a uma mesa, um pouco afastada do centro, onde um dos convidados já se encontra: é a sra. Dilma Rousseff. Putin senta à frente da então presidenta do Brasil, recém-eleita em seu segundo mandato numa disputa acirradíssima, cumprimentam-se e ambos olham para o centro do salão, onde o Sr. Obama protagoniza as atenções como a grande estrela do evento.

Essa não é uma cena inventada. Os pormenores talvez o sejam, mas a imagem é justamente essa, conforme transcrita no livro "Todos os Homens do Kremlin", de

Mikail Zygar. Na primeira parte do texto, em que abordamos o livro de Zygar, comentamos os dois primeiros mandatos de Vladimir Putin, estabelecendo entre eles suas respectivas diferenças. A partir de 2008, no entanto, como primeiro-ministro, já que a legislação eleitoral impedia um terceiro mandato consecutivo, é de onde pretendemos partir até mergulharmos no isolacionismo russo, característica de seu terceiro mandato. A cena com que abrimos essa segunda parte, além de ser real, é uma alegoria da exclusão. Mas os excluídos não são iguais, o que dá à imagem um caráter mais complicado ainda: entre os dois convidados, sentados numa mesa, longe do centro do salão, há um mundo de diferenças.

Durante seu primeiro mandato, Putin adorava expor sua visão de mundo para os líderes ocidentais – e falava de tudo: da situação no Cáucaso até o motivo da Rússia não ser criticada por abuso dos direitos humanos, mas tratada como parceira estratégica e igual. Falar é uma coisa, convencer é outra. E por não conseguir convencer algumas importantes lideranças (a questão do gasoduto via mar Báltico, abordada na primeira parte, é um exemplo), acabou por mudar de estratégia. No segundo mandato, partiu para a ofensiva, acusando os líderes ocidentais de não serem sinceros e de não cumprirem as próprias promessas. Quando, enfim, começou seu terceiro mandato, já cansado do mundo, Putin se transformou num filósofo eslavófilo (a principal fonte de suas reflexões era o filósofo Ivan Ilin, colocando os valores básicos da sociedade russa na seguinte ordem: Deus-família-propriedade.

Jacques Rancière, no seu livro "O ódio à democracia", relembra que na década de 80, na sociedade francesa, a escola republicana laica defendia a tese da igualdade do saber: a transmissão universal do saber e seu poder de igualdade. Sob esse aspecto, haveria entre a sociedade e a escola laica uma profunda diferença – a sociedade é vista aqui como um território de reprodução de desigualdades. O professor republicano teria uma fundamental importância no sentido de subtrair a criança da reprodução familiar de certa ordem social, compreendida sob o caráter da desigualdade. Mais tarde, essa diferença, entre sociedade e escola, se deslocaria sob o prisma da sociedade democrática e do governo pastoral: a primeira, como configuração do individualismo de massa, excluída a vida política democrática, tenderia a uma autodestruição, sob o signo do hedonismo; e contrapondo-se a isso, o governo pastoral, a transmitir os princípios do nascimento, da divisão sexual e da filiação (o pai de família submeteria os filhos ao estudo farisaico). Tanto a escola republicana quanto o governo pastoral trabalham com medidas transcendentais, subtraindo do múltiplo o uno.

Retornando à questão russa, não é difícil visualizarmos, principalmente no terceiro mandato de Putin, a sua relação com a igreja ortodoxa, entendida como a guardiã das tradições e dos princípios morais, exatamente como o Kremlin exigia. Nesse aspecto, vale retomarmos a figura do Patriarca Cirilo (Vladimir Gundiaev), que, antes de 2008, enquanto Metropolita de Esmolensko e Caliningrado, não escondia que era de oposição à Rússia, além de liberal e progressista. Porém, a partir de 2008, como patriarca e sucessor de Aleixo II (na eleição para o patriarcado, Cirilo viria a ter o apoio da administração presidencial, mais especificamente de Surkov), muda completamente o tom de seu discurso, ajudando Putin a consolidar a sociedade e acabar com os protestos da Praça Bolotnaia.

O período de agitações, pelo qual passou Moscou, é muito parecido, principalmente em suas consequências, às jornadas de junho de 2013 no Brasil. Tudo começou com as eleições parlamentares de 4 de dezembro de 2011, cujos resultados deram 49% dos votos ao partido governista "Rússia Unida". Vídeos, gravados em celular, postados na internet, mostravam, em Moscou, durante as eleições, observadores independentes sendo expulsos ou cédulas eleitorais sendo adulteradas. No dia seguinte, haveria uma grande manifestação que veio a ficar conhecida como a dos "sapatos sujos" (havia muita lama nas ruas em função das chuvas), organizada pelo movimento de oposição "Solidariedade". Aos gritos de "Putin Ladrão", a oposição russa finalmente dava o ar de sua graça.

No dia 10 de dezembro de 2011, outra manifestação, esta na Praça Bolotnaia, reuniria 50 mil pessoas. O curioso dessa história são as posições divergentes do primeiro-ministro Putin e do presidente Medvedev diante daquela explosão de manifestantes. Para Alexei Navalni, líder da oposição, era um movimento contra Medvedev (e sua sombra, Surkov) e contra Putin. Mas Medvedev, em 22 de dezembro de 2011, em seu discurso durante a Assembleia Geral, proporia a reintrodução das eleições para governadores e o retorno do sistema misto para a

Duna (ao que tudo indica, o autor do discurso, Surkov, o mesmo que, no segundo mandato de Putin, proporia as reformas eleitorais, acenava agora na direção contrária – na primeira parte do trabalho, chegamos a comentar o método Surkov). De qualquer maneira, deve ter batido em Medvedev, diante daquela surpreendente oposição, um arrependimento por ter desistido da reeleição – em 24 de setembro de 2011, no Congresso da "Rússia Unida", anunciou Putin como candidato à presidência nas próximas eleições, e ele próprio como primeiro-ministro.

Surkov é o estrategista mais complexo de todo o período Putin. Além de ter fundado o "Rússia Unida", ainda no primeiro mandato de Putin, juntando dois partidos que se digladiavam, o "Unidade" e o "PTR", criaria em 2011 o "Rússia Justa", como uma opção de centro-esquerda, ao que Putin e Volodin responderiam com o "Frente Popular". Mas numa entrevista, em 22 de dezembro de 2011, Surkov elogiaria claramente os manifestantes, custando-lhe isto a vice-chefia do gabinete presidencial. Já com um pé na presidência, Putin o substituiu por Volodin, além de convocar Serguei Ivanov como novo chefe do gabinete presidencial.

A contraposição de Putin a Medvedev e Surkov se expressa de várias formas. Poderíamos citar a questão da Líbia e do Irã, quando Medeved se alia aos países ocidentais contra o desejo de seu primeiro-ministro. Mas no seu pronunciamento anual de 15 de dezembro de 2011, Putin vocifera: "Que a classe dita criativa por Sarkov, e que constitui a maior parte do movimento de protesto, vá pro inferno!". É que esses manifestantes, jovens, conectados às redes, intelectuais liberais, eram pessoas de Medvedev, não dele. A partir daí, Putin parou de tentar encontrar algo em comum com os intelectuais. E concluiu que a classe média, a quem ele havia dado estabilidade e prosperidade, era uma classe de "traíras". Eles não gostavam do que Putin fizera e não estavam satisfeitos por terem desfrutado da década mais próspera de toda a História da Rússia. A classe média, suposto alicerce do apoio de Putin, como imaginava Surkov, não cumprira sua parte no acordo. Ela e Surkov pagariam por suas deslealdades.

Além de mais duas manifestações, uma, no dia 24 de dezembro de 2011, com 100 mil pessoas na Avenida Sakharov em Moscou, e outra, em 4 de fevereiro de 2012, na Praça Bolotnaia, que foi contra-atacada por Volodin numa espécie de antiprotesto reunindo 100 mil pessoas no Monte Poklonnaia, o que de fato sobreveio foi a vitória de Putin com 64% dos votos. Em 6 de maio de 2012, um dia antes da posse, houve mais uma manifestação na Praça Bolotnaia, primeiro grande confronto entre os manifestantes e a lei, sobre o qual o Comitê de Investigação iria produzir seus efeitos. No dia da posse, a TV Rain seria a única a dividir a tela em duas: metade mostrava a posse, a outra metade a violência da polícia, no Café Jean-Jacques, contra os manifestantes. Essa imagem se tornaria o símbolo do novo mandato de Putin.

No segundo semestre de 2012, haveria várias prisões, processos judiciais, sentenças de prisão e três processos criminais contra o líder da oposição Alexei Navalni - além da demissão de Surkov e do silêncio de Medvedev. Para Navalni, o objetivo de Putin nem era assustar a oposição, mas dar um golpe nos liberais que estavam ao seu redor. Não voltasse ao Kremlin, seria caçado por membros de sua própria equipe. Talvez não haja expressão maior de isolacionismo do que esta.

Em 21 de fevereiro de 2012, duas semanas antes das eleições, um grupo de mulheres, a banda Pussy Riot, usando balaclavas coloridas, entraria na Catedral de Cristo Salvador para gravar um vídeo de sua nova música, "Oração Punk". Com versos como "Mãe de Deus, livrai-nos de Putin", "O Patriarca Gundi (Gundiaev, que é o Patriarca Cirilo) acredita em Putin. Melhor seria acreditar em Deus, sua peste", a dita oração da banda, que usa a performance como ato político, levaria suas integrantes à prisão. Três delas, condenadas a dois anos (seriam presas nos dias 3 e 4 de março de 2012, isto é, na véspera das eleições presidenciais), receberiam anistia em dezembro de 2013.

O autor sugere o uso que o governo russo viria a fazer dos protestos contra a igreja no sentido de capitalizá-los como uma forma de dividir o movimento da oposição – dividir para enfraquecer. Não é à toa a ampla cobertura, não só da imprensa liberal como também da estatal, sobre a manipulação de uma imagem do Patriarca Cirilo, feita pela igreja, para apagar a imagem do relógio Breguet usado por ele (o reflexo do relógio, no entanto, aparecia na mesa, denunciando a trama). Parecia uma campanha travada contra o patriarca por vários membros da própria elite governamental.

Mas a influência do Patriarca no governo Putin era nítida em vários aspectos. Em 2015, o Ministro da Cultura, a pedido de Cirilo, demitiria o diretor do Teatro de Ópera e Balé de Novosibirsk por encenar uma versão profana de Tännhauser de Wagner. Em seu lugar, a vaga seria ocupada pelo candidato preferido pelo Patriarca.

Um dos alvos preferidos dos valores tradicionais e populares da sociedade russa, valores esses estimulados pelo novo estrategista de Putin, Volodin, foi a homossexualidade, que, em 2013, se tornou uma questão importante no país. Tratava-se de uma correspondência direta com o papel do fecho espiritual desempenhado pela Igreja. Em meados dos anos 2000, várias regiões russas começaram a adotar leis proibindo a propaganda gay. Em 2012, foi a vez de São Petersburgo, que se tornou a capital da Rússia Ortodoxa ao adotar a lei antigay, que em janeiro de 2013 tornou-se lei federal.

Um documentário de 2008, do Arquimandrista Thikon Shevkunov, confessor de Putin, chamado "A queda de um Império: a lição bizantina", vai desenvolver a ideia de que Bizâncio foi solapado por simpatizantes ocidentais, atraídos pelo vício, pelo consumismo e pelo individualismo. Mas para Pugachev, um empresário e amigo de longa data de Putin, o fascínio do presidente russo pela Igreja era bem racional – a Ortodoxia para Putin era a pura encarnação da ideia nacional, mas com uma capacidade muito maior de unificar o povo do que qualquer partido político.

Nas eleições de 2018, tanto o partido governista "Rússia Unida" confirmou sua preponderância no parlamento, quanto Vladimir Putin renovou seu mandato presidencial. Retomando a cena com a qual abrimos este texto, Dilma e Putin estão em silêncio, em meio a tantas iguarias, numa mesa ao canto do grande salão. Nem ele sabe português, nem ela russo.

O pragmatismo
(Final da primeira parte)

Esta série de textos é perpassada por duas grandes linhas de força que dialogam, se chocam, quando não se imiscuem uma na outra, constituindo verdadeiros paradoxos: uma de viés identitário; outra, de caráter pragmático.

O primeiro e segundo texto referem-se a entrevistas dadas por um filósofo e um político respectivamente, logo após o resultado das eleições de 2018 (ambos, representantes da esquerda, expressam o clima de desencantamento diante da vitória de Jair Bolsonaro e dialogam com o texto a seguir).

"As barbas de Marx e as revoltas antipolíticas", baseado num ensaio de Bruno Cava, "O 18 de brumário brasileiro", que descreve o período das jornadas de 2013 no Brasil até o impeachment de Dilma Roussef (a analogia com o texto clássico de Marx, abordando o período pós-1848 na França, impressiona, ainda que à análise materialista marxista é contraposto o método de dramatização deleuziano). Nesse método de dramatização, a farsa e a tragédia não são modos de teatralização das forças, modos esses sujeitos à vontade individual (a posição dos personagens não é fruto de escolha individual, restando saber de que maneira a cartografia das forças precipita os acontecimentos segundo uma tendência cômica ou trágica). Aqui não se trata mais de gêneros de representação, mas de diminuição ou aumento da potência, tendo como referência o evento, compreendido pela perspectiva da criação do novo. Se para Marx a história se repete primeiro em tragédia, depois em farsa (a chacina de 1848 e depois o registro do encadeamento dos fatos pós-1848; o teatro das forças e depois o teatro das sombras), já para Deleuze, à repetição dramática, que é própria do evento, se sucede primeiro a farsa, depois a tragédia - haveria uma ética das repetições históricas na direção da transformação da historicidade. Assim também é para Alain Badiou: o processo de construção da verdade (pós-evento) se daria através da interiorização das linhas de forças na análise, multiplicando essas linhas e selecionando as que toquem a repetição dramática – após a revolta antipolítica, haveria um processo subjetivo intervindo e empurrando os antagonismos para a mudança efetiva. O que me faz pensar nas barbas de Marx, muito mais do que no bigode de Nietzsche, em relação ao texto de Bruno de Cava, é que essa perspectiva de mudança da historicidade, de uma certa forma, ainda está presa a uma filosofia da identidade.

O texto que vem logo a seguir, "Com uma câmara na mão e uma máscara de gás na cara", descreve minuciosamente os pontos de vista de diversos fotógrafos ou cineastas que acompanharam de perto as manifestações de junho de 2013 no Rio de Janeiro – esses pontos de vista fazem parte do curta de Ravi Aymara, cujo roteiro quer justamente dar voz a diferentes perspectivas sobre o mesmo evento.

O conceito de democracia como suplemento anárquico, ou como operação de desdobramento, expressa a outra linha de força presente nestes textos, ou, pelo menos, em alguns deles. Mais especificamente, a ação do sujeito político, trabalhando no intervalo das identidades (cidadão ativo-cidadão passivo; cidadão-homem; identidade determinada pelas categorias jurídicas - identidade determinada pelas relações sociais; público-privado), reconfigurando a compreensão e a extensão dessas respectivas figuras. "Ter" e "não ter direito" são termos que se desdobram e a política é a operação desse desdobramento.

Sobretudo estamos falando de espaço nos textos "O Processo de Ódio à Democracia" e "O ato democrático", baseados no importante ensaio de Jacques Rancière, "O ódio à Democracia". Ao contrário de Badiou quando este fala em subjetivação imaginária (dois outros textos deste livro discutem "A Hipótese Comunista", de Alain Badiou: um texto cujo título é homônimo ao do livro "Maio de 68"). Em Badiou, a subjetivação imaginária é uma espécie de operação, integrando, no mesmo nível individual, três instâncias: o real, o simbólico e o ideológico. Na última parte de seu livro, denominada "A ideia de comunismo", Badiou vai sublinhar que essa ideia está no campo do evento ou do Real, aqui, lacaniamente, compreendido no sentido de impossível. É nesse aspecto que o evento, ao contrário de "Estado", abre a possibilidade daquilo que seria impossível, infinitiza as possibilidades ao invés de cerceá-las. Daí porque as verdades, consequências do evento, para ele não têm sentido nenhum, especialmente histórico, apesar de Hegel tentar subordiná-las a esse sentido. O que Badiou evidencia é a operação subjetiva que imaginariamente projeta a verdade na história, o real no simbólico.

A ideia comunista, como qualquer outra, é marcada por esse caráter do evento, que dá às verdades o caráter de inifinitização das possibilidades – fora, portanto, da circunscrição do estado, onde tudo permanece identificado, mantendo, com frequência, pela força, a distinção entre o que é possível e o que é impossível.

A massa anônima, os sem nome, segundo Badiou, faz parte da política de emancipação ou da ideia de comunismo (conforme Badiou, essa ideia de não pertencimento a uma classificação dominante é o que se encontra no fundamento da salvação que Rancière tenta garantir para a palavra "democracia", muito embora ele, Badiou, diga: "Não estou certo de que seja tão fácil salvar essa palavra"). Mas vai ser na questão dos nomes que Badiou, dentro da tradição lacaniana, vai se diferenciar em relação à Rancière: "Porque a ideia comunista se refere diretamente ao infinito popular, justamente por isso ela precisa da finitude dos nomes próprios". E os nomes dos indivíduos gloriosos, componentes da Ideia Comunista em suas diferentes etapas (... Blanqui-Marx-Lenin-Rosa Luxemburgo-Mao...), fazem parte de uma das funções da Ideia que é projetar a exceção no comum das existências, partilhando com os outros e se mostrando não só como exceção, mas também como possibilidade agora comum a todos, e, dessa forma, deslocando por algum tempo as linhas de força pelas quais o Estado prescreve o que é possível e o que é impossível.

Dois textos, que discutem a questão do anônimo, são "A Subjetividade sem Nome" e o "Lulismo Selvagem", baseados nos ensaios "Eu (não) sou ninguém: a subjetividade sem nome", de Giuseppe Cocco e Marcio Taschetto, e "A Ascensão da classe sem nome", de Hugo Albuquerque. Em ambos os ensaios é sublinhada a multiplicação de nomes como estratégia de fuga em relação aos dispositivos de poder.

"Ninguém" em italiano é "nessuno" (ne ipse uno). Segundo o artigo de Peter Pal-Pelbart, de 19 de julho de 2013, para a Folha de São Paulo, uma manifestante da jornada de 2013, ligada ao MPL, teria afirmado: "Escreve aí que eu sou ninguém". Portanto, conforme o idioma italiano, "nessuno", cuja raiz é "ne ipse uno" (negação do uno), pode ter o sentido de afirmação da multiplicidade. Por outro lado, para o idioma francês, "ninguém" é "personne", que tanto pode ter o sentido de "ninguém" quanto de "pessoa" – nesse caso, a recusa de ter um nome próprio pode ser uma maneira de reafirmar o uno e com ele a persona (aqui, a negação da subjetividade não deixa de ser uma subjetividade).

Isso vem bem a propósito porque, no caso de Peter Pal-Pelbart e seu grupo, segundo o ensaio de Cocco, não se trata de uma repressão clássica ao sentido de "junho" pelo campo disciplinar, mas dentro da subjetividade. Ao invés de ser um movimento espontâneo, horizontal e sem nome, Peter Pal-Pelbart informa, em seu artigo, que o MPL soube apartar-se daquilo que lhe soava como uma infiltração indevida (há um filtro aí, com nome e articulação, que decide até que momento o movimento de junho merece o carimbo de autenticidade e quando uma certa presença indevida é julgada como infiltração, numa velha tradição da esquerda reformista ou stalinista, destinada a expurgar elementos indesejáveis à linha que se hegemoniza).

Em "A ascensão da classe sem nome", de Hugo Albuquerque, ensaio de referência ao texto "Lulismo Selvagem", o sem nome é assumir todos os nomes como uma forma de recusá-los (essa multiplicidade de "ne ipse uno" que não se confunde com niilismo ou ausência de força): classe C, nova classe média, subproletariado, consumitariado, proletário endinheirado, batalhadores... Ascensão da classe sem nome com uma potência imensa e com a capacidade de efetuar essa potência. Selvagem porque seu modus operandi é oposto a uma ascensão civilizada, a qual se caracteriza por conduta universalizável na convivência (no Brasil, isso significa: aja segundo o seu lugar, sabendo qual é o seu lugar). A ascensão selvagem é uma exceção à medida, à lei universal de identificação: migra para espaços que não são os seus por direito, mas passam a ser de fato: não devemos, mas podemos. A ausência do nome, nesse caso, não é uma falta, é uma ausência que está presente, está em si, livre de assujeitamentos.

É interessante observarmos que o referido ensaio-conferência de Hugo Albuquerque ocorreu em 06 de setembro de 2012, ou seja, quase um ano antes das jornadas de junho de 2013, o que nos leva a pensar que as jornadas possam ser o clímax de um movimento que já estava na sociedade. E o que já era observável em 2012 é o que Hugo Albuquerque chamará de proposições moleculares. Justapostas às proposições molares, tais como o aumento do nível de emprego, do salário mínimo, da proporção da renda do trabalho na renda nacional, assim como os próprios ganhos não laboriais (Bolsa Família, pontos de cultura), observáveis no governo Lula e que poderiam ser medidas operadas dentro de uma rigidez e uma imobilidade simbólica – cada um marchando sempre pra frente -, as proposições moleculares também se faziam presente: havia um discurso que autorizava o pobre a desejar, poderia se experimentar "isto-aqui-agora". Tratava-se de um devir-excedente dos pobres, um devir desejante, que era próprio da classe sem nome, que não se confunde nem com a classe média nem com os pobres. Esse era um fato novo que nem Dilma com seu projeto de classe média (o PT a essa altura, ainda no primeiro mandato de Dilma, parecia o Dr. Frankenstein em desespero por ter autorizado essa criatura desejante), nem a esquerda da ontologia negativa com suas regras específicas para fazer a revolução, poderiam compreender. Restou a esse monstro incompreendido a sedução da direita (não há lado de fora para o capitalismo cognitivo) ou ou controle por parte do Estado, remetendo a classe sem nome para o futuro através do regime da dívida (sou endividado justamente para procurar emprego e pagar o que devo). É na forma financeira que retorna o imperativo de saber qual o meu lugar, salvando não só o trabalho como também, consequentemente, o capitalismo. O final do ensaio de Hugo Albuquerque , como um voto de fé, acena na direção de uma aliança entre o monstro (a classe sem nome) e o nômade (produto do capitalismo cognitivo), tornando-se multidão.

"Processos de Produção" é um texto que retoma o ensaio vigoroso de Moysés Pinto Neto, "Identidade de Esquerda ou Pragmatismo Radical", ao qual apresento uma questão: será que, segundo o espírito do pragmatismo, também muito presente em Rancière, não se poderia estar localizado entre o pragmatismo da esquerda reformista e o pragmatismo radical? Abrir espaço maior para as pautas radicais, que estão além dos emblemas identitários, articulando tais demandas com o senso comum, mas sem perder de vista as negociações com o poder em torno de concessões e aberturas? Foi a atitude tomada pelo "Podemos" na Espanha, que é uma expressão política direta do 15-M, os indignados, que rejeitam a representatividade dos partidos e da política institucional em relação aos cidadãos. Mas como suas reivindicações nunca eram atendidas, viriam a se aventurar no espaço parlamentar, tendo sempre diante de si o dilema de como entrar nas instituições e mudar a política sem ser cooptado pelo sistema (sobre a experiência do

"Podemos" e a experiência Trump, duas faces de uma mesma moeda, que é a crise da representação, dois textos: "O Podemos e suas Confluências" e "As Rebeliões das Massas", inspiradas no livro "A Rebelião das Massas e o Colapso de uma Ordem Pública", de Manuel Castells.

A experiência russa, sob o comando de Vladimir Putin, está documentada nos textos "Sobrecarga" e "Os Excluídos", cuja base é o livro do jornalista russo Mikhail Zygar, "Todos os Homens do Kremlin (os bastidores do poder na Rússia de Vladimir Putin)". Se considerarmos que o período abrangido é de 1999 até hoje, certamente não incluiríamos as revoltas de massa na gênese da experiência russa – elas não deixaram de dar o ar de sua graça entre 2011 e 2012, mas foram devidamente sufocadas. Todavia vamos acompanhar as metamorfoses sofridas pelo governo Putin em seu longo período de poder, vislumbrando um processo gradativo de fechamento em relação aos países ocidentais e um envolvimento cada vez maior do Estado com a igreja ortodoxa, o que nos remete ao governo pastoral.

Retomando o ensaio de Moysés Pinto Neto, cujo centro é o senso comum e o pragmatismo, não fica claro que do lulismo decorram os movimentos de 2013 no Brasil, ainda que em alguns momentos isso fique implícito, seja em função da característica comum de ambos (o hibridismo), seja pelo processo de migrações ocorrido na segunda fase do lulismo, isto é, no primeiro mandato de Dilma: a parcela universitária migrou para a esquerda cultural, segundo a qual o impeachment de Dilma viria a representar uma violência simbólica, produto da misoginia; e segmentos populares migraram para o ativismo viral de direita (não seria absurdo pensar que a base eleitoral de Bolsonaro fosse originária do lulismo).

É a partir das pesquisas de 2005 que nos damos conta do sucesso das políticas sociais do lulismo, promovendo a ascensão de segmentos que viviam na linha da pobreza e atacando fortemente a miséria. Essa ascensão social vai constituir as forças subterrâneas que reelegerão Lula em 2006 com uma esmagadora maioria. Dois textos deste livro vão analisar o lulismo sob perspectivas contrárias: "Tradição Crítica" e "A Esperança" (não há como deixar de considerar o conjunto de todos esses textos sob o fundo do perspectivismo político, criando espaços que permitam contar de forma oblíqua as oposições, as polaridade estilizadas, fora da lógica do insulamento, que é própria da esquerda cultural, e fora do fechamento estrutural da política partidária, da qual faz parte a esquerda reformista.

Ambos os textos ("Tradição Crítica" e "A Esperança") têm como parâmetro o ensaio escrito por Camila Massaro de Góes e Leonardo Octávio Berinelli de Brito, denominado "Crise da Política Contemporânea no Brasil: notas de um debate sobre o lulismo". Ainda que os ensaístas insistam numa complementaridade entre as análises de Francisco de Oliveira e André Singer sobre o lulismo, o que, de uma certa forma, tende ao enfraquecimento do perspectivismo (na verdade, o ensaio está mais próximo da visão de Francisco de Oliveira), tento mostrar que entre "Hegemonia às Avessas" e "Os Sentidos do Lulismo" há uma diferença profunda: se para Francisco de Oliveira, a dimensão moderna do país (o sul) funcionaliza os aspectos arcaicos (o norte), já para Singer o lulismo dinamiza a economia nordestina, abrindo a possibilidade (daí a esperança) de modificar o próprio cerne social que faz o capitalismo brasileiro se reproduzir de maneira tão perversa. Mais ainda: o friso de André Singer sobre a questão da continuidade das propostas fundantes do partido e não sobre suas rupturas, sublinhando o sentido de "matização" (reformismo fraco e lento), contrapõe-se ao que Francisco de Oliveira vai chamar de "o avesso do avesso", isto é, o partido praticando o avesso do mandato recebido nas urnas.

O devir-pobreza da classe sem nome, como é definido molecularmente por Hugo Albuquerque, estaria em conexão com o que Moysés Pinto Neto vai chamar de potência do empreendedorismo, gerando um crescimento no país através de partículas menores, a partir de estímulos microeconômicos como o salário mínimo, o bolsa família e o microcrédito – que vão gerar uma força criativa popular, característica da primeira fase do lulismo. Mas a partir do governo Dilma, o bolo parou de crescer, interrompendo a concretização de uma cidadania plena – nesse aspecto, há uma relação entre o molar e o molecular. Na segunda fase do lulismo, o empreendedorismo se agrega à teologia da prosperidade, e o fascismo recrudesce contra a esquerda cultural, gerando daí o neopentecostalismo.

Quando Moysés Pinto Neto destaca o Centro, cujos parâmetros são baseados na experiência vivida, numa perspectiva experimental e empirista, em que os erros e acertos fazem parte de um falibilismo próprio da vida, na verdade ele evidencia o que foi o lulismo em sua primeira fase, que eu chamo de lulismo selvagem: um contexto acidentado e repleto de improvisos, cheio de plasticidade, com entrechoques inesperados, composições , recomposições e correlações insólitas de forças. Nesse sentido, experiências como a do Facebook e do Google destacam um certo espírito atual do capitalismo, comportando a diversidade e a inclusão de minorias, francamente favorável ao politicamente correto, o que será identificado por parte da esquerda como um novo nível de exploração do capitalismo. Foi essa lógica menos dogmática e mais experimental do centro, com rearranjos e novas formas econômicas gestadas a partir das tecnologias de informação, que me levou a trazer à tona o importante ensaio de Cleyton Leandro Galvão, "Os Sentidos do Termo Virtual em Pierre Levy", sobre o qual se estrutura o texto "Os Possíveis Sentidos do Virtual".

Cleyton Galvão identifica em Levy um conceito de virtual ligado ao Real: a virtualização não é uma desrealização, não é a transformação de uma entidade num conjunto de possíveis, mas uma mutação de identidade, um deslocamento do centro de gravidade ontológico do objeto considerado - em vez de se definir por sua atualidade (uma solução), a entidade passa a encontrar sua consistência essencial num campo problemático. A insistência de Pierre Levy em tratar o Virtual como Real deve-se a uma concepção medieval do trívio (gramática-dialética-retórica), em que o ato retórico diz respeito à essência do virtual, colocando questões, dispondo tensões e propondo finalidades. O ato retórico colocaria tudo isso em cena no processo vital. Nesse sentido, a invenção suprema seria a de um problema, que é a abertura de um vazio no meio do real. É evidente que esse sentido filosófico do Virtual o faz produzir efeitos no mundo como um fator condicionante de mudanças sociais, dentro de um processo antropológico. Porém, o que condiciona o caráter plástico, fluido, calculável, hipertextual e interativo da informação, isto é, o seu caráter virtual, é a codificação digital. Dessa forma, todas as características atribuíveis ao virtual só teriam sentido com a digitalização da informação. Considerar o virtual como significação, seja ele potência ou informação, independentemente do suporte físico, é esquecer o seu caráter de sincronização e interconexão com outras informações na rede. É na verdade tratar o virtual como uma espécie de não-ser, em razão de sua fugacidade, a transformar-se em atodiante da presença humana. O sentido tecnológico de Virtual foge dessa perspectiva da significação: se um texto virtual, no papel, se atualiza na leitura devido às significações atribuídas, ou seja, transforma-se de virtual em atual, já na interação do usuário com um simulador de realidade, os elementos simulados continuam virtuais durante a interação – é uma interação do virtual enquanto virtual.

No sentido tecnológico, e graças à digitalização, o virtual não é um momento primitivo, nem é parte de uma evolução que procura o atual para atingir sua completude; o virtual coexiste com o atual e o acompanha no seu desdobrar-se, não sendo eliminado no advento da atualidade. Se o Real ontológico é o Virtual (sentido filosófico que Pierre Levy partilha), para Deleuze o Real seria constituído pelo atual e pelo virtual (possível), o que, de uma certa forma, vai ao encontro de um sentido tecnológico do Virtual.

Esse texto, "Os Possíveis Sentidos do Virtual", baseado no ensaio de Cleyton Galvão, vem estrategicamente após o texto "O Horror à Contradição", que é baseado no ensaio de Marilena Chauí, "Comunicação e Democracia", onde o Virtual é usado no sentido comum de ficção, aparência, e dentro da retórica de esquerda que privilegia os tipos ideais em detrimento do caso concreto – o mascaramento da realidade social, o encobrimento das relações de poder e a exploração por meios artificiais de caráter simbólico.

Outro texto que dialoga com esses dois anteriores, "Tempo de Crise", baseado no livro homônimo de Serres, aborda as conexões como técnicas suaves, tais como foram a revolução da escrita, a revolução do impresso e a revolução do computador – suave porque atos em escala informática (traços, marcas, signos, códigos, sentido) que revolucionaram o comportamento, as instituições, o Poder e que convidam à partilha. Já as técnicas duras referem-se à mudança das técnicas de trabalho, como a revolução industrial, e estariam mais ligadas à vontade de poder. A traição dos intelectuais estaria na resistência em reconhecer o real contemporâneo com suas rupturas e o fim do paleolítico e suas técnicas duras.

Mas se Serres acaba por abraçar de forma otimista um novo mundo, o pragmatismo de Rancière abaixa o tom dos partidários da multidão, via Toni Negri, assim como não compactua com o pessimismo de Giorgio Agamben sobre os campos de concentração contemporâneos: a sociedade é desigual e não tem em seu flanco nenhuma sociedade igual – socialismo, democracia das multidões, capitalismo financeiro prometendo, para as gerações futuras, uma prosperidade que vale a pena, mesmo com o sacrifício dos sistemas de proteção como a previdência social e as leis trabalhistas... tudo isso é fé. E confesso que muitos destes textos são banhados de fé, com exceção do pragmatismo de alguns que denunciam o ódio à democracia.

Dois textos, "A Constituição de 1988 e o STF" e "É difícil reconhecer uma travesti", fazem parte desse rol dos textos pragmáticos: baseados no belo ensaio "O fim das ilusões constitucionais de 1988", de Enzo Bello, Gilberto Bercovicci e Martônio Mont'Alverne Barreto Lima, mostram que a Doutrina Brasileira de Efetividade (doutrina constitucional pós 1988) dispunha que a constituição econômica de 1988 era uma mera norma programática, dependendo de regulamentação posterior, enquanto a constituição financeira de 1988 seria neutra, processual e separada da ordem econômica e social (com isso a referida doutrina esteriliza a intervenção do Estado na economia, privilegiando os interesses econômicos privados sobre a ordem constitucional e sobre as políticas distributivas e desenvolvimentistas). Todo esse processo de mascaramento será minuciosamente desvendado nos dois textos.

É o ódio à democracia, desde Platão, dirá Rancière. Mas incapaz de barrar os atos singulares e precários, aqui e agora, constituídos de relações igualitárias. A força singular da democracia se baseia justamente nesses atos.

pólen soft 80 gr/m2
tipologia sabon next lt
impresso na primavera de 2020